재미있다!
한국사

교과서 핵심을 담은 한국사 현장 수업
재미있다! 한국사 2

2015년 3월 30일 초판 1쇄 발행
2025년 1월 6일 초판 13쇄 발행

글	구완회
그림	김재희

펴낸이	염종선
책임편집	정편집실 서채린
디자인	이은혜
펴낸곳	(주)창비
등록	1986. 8. 5. 제85호
제조국	대한민국
주소	10881 경기도 파주시 회동길 184
전화	031-955-3333
팩스	031-955-3399(영업) 031-955-3400(편집)
홈페이지	www.changbikids.com
전자우편	dongmu@changbi.com

ⓒ 구완회, 김재희 2015
ISBN 978-89-364-4660-4 74910
ISBN 978-89-364-4960-5 (전6권)

- 이 책 내용의 일부 또는 전부를 재사용하려면 반드시 저작권자와 창비 양측의 동의를 얻어야 합니다.
- 책값은 뒤표지에 표시되어 있습니다. • KC마크는 이 제품이 공통안전기준에 적합하였음을 의미합니다.
- 사용 연령: 5세 이상 • 종이에 베이거나 긁히지 않도록 주의하세요.

재미있다! 한국사 2

구완회 글 • 김재희 그림 • 정요근 감수

창비

머리말

현장에서 배우는 우리 역사

"역사란 무엇일까요?"

여러분 또래의 친구들에게 역사에 대해 강연할 때 단골로 하는 질문입니다. 뜻밖의 질문에 당황한 탓인지 대개는 서로 눈치 보기 바쁘지요. 그러다 한 아이가 손을 번쩍 들고 대답합니다.

"옛날에 일어났던 일요."

"옳지. 그런데 옛날에 일어났던 일이 모두 역사일까?"

"음, 그중에서도 중요한 일요!"

"오, 그래! 그런데 뭐가 중요한 일이고 뭐가 안 중요한 일이지?"

"……."

보통 이쯤 되면 말문이 막히고 맙니다. 그러면 제가 대답하지요.

"역사적으로 중요한 일이란 사람들의 삶에 영향을 끼치고 시대 흐름을 바꾼 사건들을 말해. 단군이 고조선을 세운 뒤부터 사람들은 한반도에서 나라를 이루어 살게 되었어. 철로 농기구를 만들면서 곡식을 많이 거두게 되어 사람들의 생활이 풍요로워졌지. 또 고려 때 무신의 난이 일어나자 전국에서 농민과 노비가 잇따라 난을 일으켰고. 조선이라는 나라가 세워지고 유교를 국교로 삼자 사람들의 일상생활도 차츰 변했단다. 그런가 하면 6·25전쟁은 오늘날 남과 북이 갈라지는 데 결정적인 영향을 끼쳤고 말이야. 이렇게 사람들의 삶과 시대의 흐름을 바꾼 사건들이 모여서 역사를 이루는 거란다."

그리고 두 번째 질문을 합니다.

"우리는 왜 역사를 배워야 할까?"

"시험을 봐야 하니까요!"

순간 "와!" 하는 함성과 함께 웃음이 터져 나옵니다.

"이런, 시험을 보기 위해 역사를 배우는 게 아니야. 역사가 중요하기 때문에 학교에서 역사를 배우고 시험까지 보는 것이지. 방금 전에 시대 흐름을 바꾼 사건들이 모여 역사를 이룬다고 했지? 그러니까 역사를 알아야 지금 우리가 사는 세상이 왜 이런 모습이고, 앞으로 어떻게 변해 나갈지 알 수 있는 거야. 좀 더 나아가 생각해 보면 우리가 원하는 세상을 만들기 위해 무엇을 해야 하는지도 알 수 있을 테고."

고개를 끄덕이는 아이들이 생깁니다.

"그럼 역사를 어떻게 공부하는 것이 좋을까? 여기에는 여러 가지 방법이 있어. 그중에서도 역사 현장을 찾아가 유물과 유적을 직접 보는 방법을 추천하고 싶단다. 교실에서 배우는 것과는 비교할 수 없이 생생한 역사를 몸소 느낄 수 있거든. 현장에서 만나는 역사는 글로만 배우는 것보다 더더욱 실감 나고 머릿속에 오래오래 남는단다."

그리고 나서 역사 현장과 유물, 유적 사진을 같이 보면서 강연을 이어 갑니다.

자, 그럼 지금부터 여러분도 저와 함께 역사 현장으로 떠나 볼까요?

2015년 3월

구완회

차례

머리말 _ 현장에서 배우는 우리 역사 • 4
등장인물 • 11

1부 고려, 삼국 통일을 이루다

1교시 미리 보는 고려, 고려 사람들 _ 개성 역사 유적 지구

코리아, 우리 겨레의 탄생 • 16
개성에서 고려를 발견하다 • 18
한눈에 보는 고려 500년: 왕건왕릉에서 선죽교까지 • 21

고려를 보며 통일을 생각한다, 개성 역사 유적 지구 • 24

2교시 후백제, 후고구려 그리고 신라, 후삼국의 혼란 속으로 _ 경주 포석정

귀족들은 권력 싸움, 백성들은 농민 봉기 • 28
호족, 후삼국 시대를 열다 • 31
왕건, 호족과 백성의 마음을 얻다 • 34
포석정 경애왕 죽음의 미스터리 • 36

후삼국 시대의 인물 관계도 • 39
천 년 신라의 시작과 끝, 경주 나정과 포석정 • 40

3교시 고려, 후삼국을 통일하다! _ 춘천 신장절공 묘역, 김제 금산사

첫 번째 포용: 신숭겸의 희생 • 44
두 번째 포용: 견훤의 투항 • 46
세 번째 포용: 신라의 항복 • 48
마지막 포용: 발해 유민의 귀순 • 50

견훤이 감금되었던 곳, 김제 금산사 • 54

2부 국왕에서 백성까지 불심으로 하나 되다

 **나라 세운 태조, 나라 다진 광종, 마무리는 성종!** _논산 개태사, 관촉사

태조 왕건은 바람둥이? • 60
고려 국왕의 필수 규칙, 훈요 10조 • 63
광종의 왕권 안정책: 불법 노비 해방, 과거 제도 실시! • 66
나라 다지기의 완성, 성종과 최승로 • 71

고려의 역사 따라 개태사와 관촉사 둘러보기 • 74

 **향리를 보면 고려의 신분제가 보인다** _국립중앙박물관 고려실

중앙 호족은 귀족으로, 지방 호족은 향리로 • 78
귀족 중의 귀족, 문벌 귀족 • 83
비교 체험 극과 극! 고려 귀족 대 고려 농민 • 84
결혼도 상속도 남녀 차별 없이! • 87

역사 미스터리! 고려에는 정말 고려장이 있었을까? • 91

 **국왕에서 백성까지, 부처님 없이는 못 살아!** _파주 용미리, 합천 해인사

고려 시대 절은 은행? 상점? 호텔? • 94
믿음은 하나, 이유는 제각각 • 100
팔관회와 연등회의 공통점과 차이점 • 102
부처님, 나라를 지켜 주세요! • 105

유네스코 세계 유산 2관왕! 합천 해인사 • 108

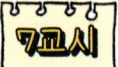 ### 거란은 왜 고려를 세 번이나 침략했을까? _ 서울 낙성대

거란과 여진, 누가 누구야? • 112
거란의 1차 침입: 서희의 담판, 기 싸움부터 이겼다! • 114
거란의 2차 침입: 줄 수 없다! 강동 6주 • 118
거란의 3차 침입: 강감찬의 귀주 대첩 • 120
여진 정벌 특수 부대, 윤관의 별무반 • 122

한눈에 비교해 보는 고려의 영웅들 • 127
별이 떨어진 곳에서 장군이 태어나다, 낙성대 • 128

3부 활발한 무역을 통해 꽃피운 문화

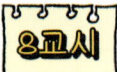 ### 권력은 칼끝에서 나온다! 무신 정변 _ 임진강 장단 석벽

뺨 맞은 무신, 반란을 일으키다 • 134
혼란의 시작, 이자겸과 묘청의 난 • 136
정중부에서 최충헌까지, 무신 정권 전성시대 • 139
무신들의 횡포, 농민 봉기를 부르다 • 142

노비 해방 운동의 선구자, 만적의 최후 진술 • 145
남한의 고려 왕실 유적 탐방, 장단 석벽과 주변 유적지 • 146

 ### 대몽 항쟁의 빛과 그림자 _ 강화 고려궁지

조정이 피란 가니, 온 백성이 맞서다 • 151
삼별초의 두 얼굴 • 154
황제국에서 부마국으로 • 157
아쉽다, 공민왕의 개혁 실패 • 159

하늘의 노국 공주에게 보내는 공민왕의 편지 • 162
강화도에서 고려 역사 찾기! 고려궁지, 홍릉, 선원사지 • 164

 **보물섬? 보물선! 바닷속에서 건진 고려의 대외 교류사** _목포 국립해양문화재연구소

아라비아 상인, 코리아를 알리다 • 168
국제 무역항 벽란도의 사랑 이야기 • 174
고려 귀족의 송나라 명품 사랑 • 176
고려는 역동적인 다문화 사회 • 178

바다에서 건진 고려의 역사, 국립해양문화재연구소 • 180

나라를 위한 과학, 백성을 위한 기술 _국립과천과학관

토기에서 도자기로, 그리고 고려청자로 • 184
목판 인쇄에서 금속 활자로 • 188
최무선, 백성을 위해 화포를 쏘다! • 191
문익점은 밀수꾼이 아니었다? • 193

전통에서 첨단까지, 과학 기술을 한눈에! 국립과천과학관 • 196

찾아보기 • 198   참고한 책과 사이트 • 201   사진 제공 • 202
'재미있다! 한국사' 시리즈에 자문해 주신 선생님들 • 203

일러두기

1. '재미있다! 한국사' 시리즈는 새롭게 바뀐 초등학교 사회 교과서 역사 영역을 반영해 만들었습니다. 본문에 📖 표시와 함께 삽입한 글은 교과서의 주요 내용을 발췌·요약·정리한 것입니다.
2. 띄어쓰기와 맞춤법은 국립국어원 표기 원칙에 따랐습니다.
3. 이 책에 나오는 외국 인명, 지명 등은 국립국어원 외래어 표기법에 따라 표기했습니다. 단, 중국의 지명은 독자 이해를 돕기 위해 한자를 우리말로 읽어 주고, 꼭 필요할 경우에만 괄호 안에 국립국어원 외래어 표기법에 따른 지금의 지명을 써넣었습니다.
4. 본문에 나오는 책의 제목이나 신문 이름에는 『 』를, 그림이나 노래 같은 예술 작품의 제목에는 「 」를 붙였습니다. 단, 그림이나 사진 설명 글에서는 예외를 두었습니다.

등장인물

답사반 대장 '구쌤'

'재미있다! 한국사' 답사반 대장이자 한국사 현장 수업을 진행하는 역사 선생님. 어린아이처럼 천진난만하고, 장난기 넘치며, 흥이 많아 유쾌 발랄하다. 하지만 역사 이야기를 들려줄 때만큼은 누구보다 진지하다!

으뜸 대원 '똘이'

구쌤과 함께 답사반을 이끄는 강아지. 대원 가운데 유일하게 구쌤과 대화가 가능하다. 호기심 많고, 아는 것 많고, 퀴즈 내기를 좋아한다.

깍두기 대원 '토리'

새롭고 신기한 것을 좋아하며 먹성이 좋은 다람쥐. 주의가 산만한 데다 유물들을 만지작거리고 깨물어 대기 일쑤다. 답사반 요주의 인물.

미스터리 대원 'XX'

정체를 알 수 없는 쌍둥이 고양이. 구쌤의 말에 언제나, 어김없이, 무관심하고 시큰둥해 웬만해선 반응이 없다. 말을 하지 않아 이름도 모르지만 현장 수업에 꼭 따라와 주변을 어슬렁거린다.

- 900년 — 견훤이 후백제를 세우다
- 901년 — 궁예가 후고구려를 세우다

- 918년 — 왕건이 고려를 세우다

- 926년 — 발해가 멸망하다
- 927년 — 신라 경애왕이 죽다
  견훤의 후백제군이 왕건의 고려군을 대파하다(공산 전투)
- 930년 — 왕건의 고려군이 견훤의 후백제군을 무찌르다(고창 전투)

- 935년 — 후백제 견훤이 왕건에게 투항하다
  신라 경순왕이 왕건에게 투항하여 고려가 신라를 통합하다
- 936년 — 고려가 후삼국을 통일하다

1부

고려, 삼국 통일을 이루다

1교시 | **미리 보는 고려, 고려 사람들** _ 개성 역사 유적 지구
2교시 | **후백제, 후고구려 그리고 신라, 후삼국의 혼란 속으로** _ 경주 포석정
3교시 | **고려, 후삼국을 통일하다!** _ 춘천 신장절공 묘역, 김제 금산사

1교시
미리 보는 고려, 고려 사람들

개성 고려박물관

개성 역사 유적 지구

북한의 개성에서 고려 역사 공부를 시작해 보자!

오오오!

> 여러분은 '고려' 하면 무엇이 떠올라? 고려청자? 고려 인삼? 그러고 보니 우리가 고려에 대해 아는 것은 별로 없는 것 같아. 조선은 물론 신라나 백제에 비해서도 말이야. 아마 고려의 유적 대부분이 북한 땅에 있어서일 거야. 하지만 고려는 알면 알수록 멋진 나라란다. 정말이냐고? 그럼! 지금부터 멋진 나라, 고려의 모습을 하나씩 살펴보기로 하자.

모두 모였니? 오늘은 정말 특별한 장소에 왔어. 바로 고려의 수도였던 개경, 지금의 개성이라는 곳이야. 저기 앞쪽에 보이는 커다란 솟을대문은 고려박물관 입구란다. 가만, 그런데 개성은 북한에 있는 곳 아니냐고? 맞아. 지금은 우리가 쉽게 갈 수 없는 곳이지만, 한동안 남한 사람들도 가 볼 수 있었어. 개경은 고려의 수도였던 곳으로, 고려 시대에는 인구가 약 50만 명인 대도시였어. 개경에서 팔관회라는 축제가 열리면 송나라뿐 아니라 거란과 여진의 사신도 참여했고, 멀리 아라비아에서도 상인들이 찾아왔어. 국제 무역 도시였던 셈이야.

개성에는 고려 시대의 유적과 유물이 한가득이지. 개성에 남아 있는 고려의 유적들은 2013년에 유네스코 세계 문화유산으로 등

> 지금 개성에는 우리나라 기업들이 들어가 일하고 있단다. 여기서 잠깐, 감격의 눈물을~

개성 공단 전경

록되기도 했어. 북한의 유네스코 세계 문화유산은 개성 역사 유적 지구와 고구려 고분(옛 무덤), 이렇게 두 개가 있단다. 오늘은 개성의 유적들과 유물들을 둘러보면서 고려는 어떤 나라이고, 고려 사람들은 어떻게 살았는지 살펴볼 거야.

코리아, 우리 겨레의 탄생

먼저 교과서 내용을 살펴보자.

📖 고려는 옛 삼국뿐 아니라 발해 유민까지도 맞아들여 실질적인 삼국 통일을 이루었다. 각각 다른 시조를 갖고 있던 삼국이 하나의 민족 공동체가 된 것이다.

고려는 고구려, 백제, 신라의 다양한 문화를 융합하여 개방성과 다양성을 특징으로 하는 새로운 민족 문화의 토대를 마련한 나라야. 사실 삼국을 하나로 묶은 것은 통일 신라가 먼저였어. 하지만 신라의 통일은 완전하지 않았어. 신라의 북쪽에 고구려의 뒤를 잇는 발해가 세워졌으니까 말이야. 그래서 남쪽에는 통일 신라, 북쪽에는 발해가 함께했던 시기를 남북국 시대라고 부르는 거고.

고려는 통일 신라뿐 아니라 발해의 문화도 받아들였어. 실제로 발해가 망했을 때 왕족을 비롯해 수만 명의 발해 유민들을 고려가 맞아들이기도 했지. 그러니 신라의 통일은 불완전한 통일, 고려의 통일은 완전한 통일이라고 말할 수 있는 거야. 고려의 지배층은 다른 지역의 사람들을 폭넓게 받아들였어. 이 과정에서 고구려와 백제, 신라의 문화가 자연스럽게 한데 섞이게 되었지.

또 고려는 나라 문을 활짝 열고 많은 나라와 교류를 했어. 가까운 중국이나 일본뿐 아니라 저 멀리 동남아시아와 아라비아의 상인들이 고려에 와서 장사를 할 정도였으니까. 외국 사람들이 고려에 활발히 드나들다 보니 당연히 그들의 문화도 들어오게 되었지.

이렇게 고구려, 백제, 신라의 서로 다른 문화 위에 외국의 여러 문화까지 한데 섞이면서 고려의 독특한 문화가 태어난 거란다. 이것이 우리 민족 문화의 바탕이 된 거야. 진정한 의미에서의 민족 통일은 고려가 처음이었으니, 우리 민족을 아우르는 민족 문화도 고려 시대에 만들어진 거라고 볼 수 있지. 고려의 이름은 아라비아 상인들을 통해 멀리 서양 세계에까지 알려졌단다. 바로 '코리아'라는 이름으로 말이야.

개성에서 고려를 발견하다

그럼 지금부터 본격적으로 개성 구경에 나서 볼까? 우선 500년 고려 역사를 한눈에 볼 수 있는 고려박물관부터. 어? 그런데 고려박물관 건물은 옛날 기와집이네? 지금의 고려박물관은 원래 고려의 성균관이었거든. 성균관은 조선 시대의 최고 교육 기관이라고 알고 있는 친구도 있을 거야. 하지만 성균관이라는 이름이 처음 쓰인 때는 조선이 아니라 고려 후기였어. 이전까지 고려의 최고 교육 기관은 국자감이라고 불렸는데, 충선왕 때 성균관으로 이름이 바뀌었지. 고려의 성균관이 지금까지도 개성에 남아 있는 거란다. 서울에 있는 성균관은 조선이 한양으로 도읍을 옮기면서 새롭게 지은 것이었어. 개성의 고려 성균관은 서울의 조선 성균관보다 규모가 작고 소박해. 그래도 이런 역사적인 유적지를 박물관으로 활용하니 뜻깊게 느껴지는 것 같아.

제1전시관에 들어가니 고려 왕궁의 모형이 눈에 띄네. 계단을 높이 쌓고 그 위에 왕궁을 만든 것이 조선의 궁궐과는 사뭇 다른 느낌이군. 아쉽게도 고려의 왕궁은 지금 남아 있지 않아. 만월대라고 불리는 궁궐 터만 남아 있지. 고려 왕궁 모형 옆에는 만월대에서 나온 유물들이 있단다. 봉황새가 새겨져 있는 기와, 무시무시한 동물 모

개성의 성균관(지금의 고려박물관)

고려의 왕궁 터인 만월대

양의 돌상 등이 자리를 차지하고 있는데, 가만 들여다보면 삼국 시대와 남북국 시대 유물의 모습도 보이는 것 같아. 역시 고려는 삼국뿐 아니라 발해의 문화까지 이어받은 진정한 통일 국가였구나.

제2전시관에는 우리 눈에 익은 유물들이 있어. 신비로운 옥빛이 눈길을 사로잡는 고려청자, 세계 최초의 금속 활자, 보기만 해도 저절로 경건한 마음이 드는 고려 불화. 이것들은 고려 문화를 대표하는 유물들이야.

고려 문화는 다른 나라와의 활발한 무역 활동을 통해 꽃피게 되었어. 고려 사람들은 중국에서 배워 온 도자기 제작 기술을 발전시켜 상감 청자라는 독창적인 그릇

만월대에서 나온 새 모양 돌상(위)과 벽돌(아래)

을 만들었어. 세계적으로 뛰어난 인쇄술 역시 고려 사람들의 문화적 능력과 기술을 보여 준단다.

이건 아까 말했듯이 고려가 개방적이고 다양한 사회였기에 가능한 일이었어. 그래서 지금까지도 세계에 자랑할 만한 유산을 남길 수 있었던 거야. 고려를 대표하는 유물들에 대해서는 고려의 문화를 설명하는 시간에 더 자세히 이야기해 줄게.

고려 왕궁 모형

한눈에 보는 고려 500년: 왕건왕릉에서 선죽교까지

이번에는 장소를 옮겨 볼까? 개성 시내에서 조금 떨어져 있는 왕건왕릉으로 가 보자. 왕건은 고려를 세우고 후삼국을 통일한 임금이야. '태조'라고도 불리는데 한 왕조를 세운 첫 번째 왕을 부르는 이름이란다. 그래서 훗날 조선을 세운 이성계도 태조라고 하는 거야.

이제 왕건왕릉을 살펴볼까? 왕과 왕비가 묻힌 무덤을 중심으로 석상(돌로 조각하여 만든 사람의 형상)들이 줄을 맞춰 서 있구나. 이 사람들은 태조와 함께 고려를 건국한 신하들이래. 왕건이 이들과 함께 고려라는 나라를 세운 때는 통일 신라가 힘을 잃어 후고구려와 후백제가 등장한 후삼국 시대였어. 고려 또한 고구려를 잇겠다는 뜻으로 나라 이름을 고려라고 지은 거고. 고려가 후삼국을 통일하기

까지는 신라가 삼국을 통일할 때만큼 흥미진진한 이야기들이 가득 있는데, 다음 시간에 자세히 들려주기로 하마. 다음 장소는 태조가 고려를 세우고 500년이 흐른 뒤의 역사가 펼쳐진 곳이야. 바로 선죽교. 고려의 마지막 충신이었던 정몽주가 살해된 곳이지. 고려를 지키기 위해 이성계에 맞서던 정몽주는 이곳에서 이성계의 아들 이방원이 보낸 자객들에게 목숨을 잃었단다. 이곳의 원래 이름은 선지교였는데, 정몽주가 죽던 날 여기서 충신의 상징인 대나무가 솟아올랐다고 해서 선죽교라고 부르게 되었대. 정몽주의 죽음과 함께 고려의 역사 또한 종말을 고하고 말았어. 정몽주는 그 당시 유일하게 이성계에 맞설 수 있는 사람이었거든.

왕건왕릉

선죽교

> 선죽교에는 아직도 정몽주가 흘린 핏자국이 남아 있다는데, 진짜인지 찾아볼까?

실제로 정몽주는 이성계를 제거할 계획이었단다. 이방원이 정몽주를 죽인 것은 이런 사정을 알고 있었기 때문이었지.

왕건왕릉과 선죽교를 돌아보니 어느새 고려 500년 역사의 시작과 끝을 모두 보았네. 다음 시간부터는 후삼국 시대의 혼란으로 돌아가 그때부터 시작하는 고려의 역사를 꼼꼼히 살펴볼 거야. 그럼 오늘 수업은 여기까지. 다음 시간에는 대한민국에서 보자!

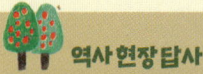 역사 현장 탐사

고려를 보며 통일을 생각한다, 개성 역사 유적 지구

만월대와 송악산

왕건왕릉

　북한에는 유네스코가 지정한 세계 문화유산이 두 개 있어. 하나는 고분 벽화로 유명한 고구려 옛 무덤들, 다른 하나는 개성의 여러 유적들을 묶은 '개성 역사 유적 지구'. 이 중 고구려 옛 무덤은 보통 사람들이 가 보기에 어려움이 많지만, 개성은 하루 여행으로 갈 수 있는 곳이었단다. 불행히도 최근 몇 년간은 남북한 사이가 안 좋아져서 개성 관광이 중단되었지만 말이야. 하지만 언제 다시 개성 가는 길이 열릴지 모르니, 그곳에 어떤 문화 유적들이 있는지 미리 알아 두는 것도 나쁘지 않겠지?

　개성 역사 유적 지구에서 가장 먼저 보아야 할 곳은 현재 고려박물관으로 쓰이고 있는 성균관을 비롯해 왕건왕릉, 선죽교 등이야. 이곳들은 아까 수업 시간에 꼼꼼히 둘러보았으니 통과. 이것 말고도 서울 남대문만큼이나 멋진 개성의 남대문도 대표 문화 유적이란다. 그리고 고려 말기 개혁을 이끈 공민왕과 그가 사랑했던 노국 공주가 함께 잠들어 있는 공민왕릉도 꼭 봐야 해. 여기에는 슬프고도 아름다운 사랑 이야기가 전해 내려오거든. 이 이야기는 9교시에서 자세히 해 줄게.

공민왕릉

이 밖에도 고려의 왕궁 터였던 만월대, 신라의 첨성대와는 사뭇 다른 모양의 개성 첨성대, 정몽주를 기념하여 그 집터에 세운 숭양서원, 정몽주의 충절을 기리기 위해 세운 표충비 등도 놓치면 아까운 곳이야.

이렇게 멋진 유물과 유적 들이 가득한 개성을 마음껏 볼 수 있는 가장 좋은 방법은? 하루라도 빨리 통일을 이루는 것이지! 물론 그 전에 남한과 북한의 사이가 좋아져서 자유롭게 오갈 수 있는 시대가 와야 하고 말이야.

개성 역사 유적 지구

2교시

후백제, 후고구려 그리고 신라, 후삼국의 혼란 속으로

경주 포석정

신라 왕들이 잔치를 벌이던 이곳에서 신라의 멸망을 알리는 비극적인 사건이 있었지.

> 고려의 통일을 이해하려면 먼저 후삼국 시대를 알아야 해. 통일 신라가 혼란에 빠지자, 백제와 고구려의 뒤를 잇는다는 후백제와 후고구려가 생겨났어. 이 시기를 후삼국 시대라고 하지. 후, 후, 후, 마치 웃음소리처럼 들리는군. 하지만 후삼국 시대는 도무지 웃을 여유가 없을 만큼 전쟁의 연속이었어. 한반도는 한 치 앞을 볼 수 없는 안개 속으로 빠져들어 갔단다.

안녕? 오늘도 제법 멀리까지 왔네. 사실 거리만 따지면 이곳이 지난 수업 장소였던 개성보다 서울에서 훨씬 더 멀어. 여기가 어디냐고? 천 년 신라의 수도였던 경주. 1권에 나오는 통일 신라와 발해에 대한 수업을 바로 이곳에서 했잖아. 그러고 보니 그 전에 삼국의 불교에 대해 공부하면서도 경주를 찾은 적이 있군. 너무 경주만 자주 오는 것 아니냐고? 그만큼 경주는 우리 역사의 중요한 현장이니까!

지금 우리가 와 있는 곳은 포석정이야. 여러분 중에도 수학여행이나 가족 여행으로 경주에 와 본 사람이 있지? 그렇다면 포석정을 이미 봤을지도 몰라. 평평한 땅에 살짝 경사가 지도록 작은 물길을 구불구불 파고, 거기에 물을 흘려 술잔을 띄웠다고 해. 신라 왕들이 잔치를 열곤 했다는 이곳에서 신라 말기에 비극적인 사건이 벌어졌단다. 잔치를 벌이던 신라의 경애왕이 견훤이 이끄는 후백제군에 몰려 포석정에서 스스로 목숨을 끊은 거야. 도대체 왜, 통일 신라의 왕은 전쟁 중이 아니라 잔치 중에 목숨을 잃은 것일까? 지금부터 그 사건의 배경을 샅샅이 파헤쳐 보자.

귀족들은 권력 싸움, 백성들은 농민 봉기

신라 제55대 경애왕이 포석정에서 최후를 맞은 것은 927년. 신라가 삼국을 통일하고 250년 남짓 흐른 다음이야. 통일 이후 전성기를 맞이한 신라였지만, 이 무렵에는 나라 상황이 바람 앞의 등불 같이 위태로워져 있었단다.

> 통일 신라 말 나라는 크게 혼란스러워졌다. 귀족들은 자신의 권력을 지키려고 서로 다투었으며, 자신들의 뜻대로 왕을 세우기도 하였다. 농민들의 생활은 점점 어려워졌고, 가난을 견디지 못한 농민들은 살던 곳을 떠나 떠돌아다니거나 도적이 되었다.

왜 이런 일들이 벌어진 걸까? 신라 귀족들의 '끼리끼리 문화'와 호화로운 생활이 큰 몫을 했어. 자기들끼리 똘똘 뭉쳐 정치를 좌우하니 왕도 우습게 보였던 거지. 이전에 귀족에게 주어졌던 특별 토지 제도(녹읍)가 폐지되었다가 되살아난 것도 귀족의 힘이 더 세졌기 때문이야. 시간이 지나면서 귀족의 숫자가 늘어나자 귀족끼리의 권력 다툼도 심해졌단다. 왕은 힘이 없는데 귀족의 권력 다툼이 심해지면? 귀족들의 반란이 줄줄이 이어지게 되지! 반란이 실패하면 목숨을 잃지만, 성공하면 권력을 잡고 호화롭게 살 수 있었거든. 당나라의 비단, 서역(중앙아시아, 페르시아, 아라비아, 유럽 등 중국 서쪽 지역)의 양탄자와 유리병 같은 호화 사치품들은 권력 다툼에서 이긴 귀족들 차지였으니까. 그리하여 780년 혜공왕이 신하의 손에 죽임을 당한 때부터 이후 약 150년 동안 무려 20명의 왕이 바뀌었단다. 한 명의 왕이 왕위에 올라 있은 기간은 평균 7.5년. 그러니까 7년여마다 왕을 갈아치우는 반란이 꼬리를 물고 이어졌다고 할 수 있지.

신라 황남대총에서 발견된 서역의 유리병

나라 꼴이 이 모양이었으니 백성들이 살기 힘들 수밖에. 더구나 귀족의 사치품은 백성의 대다수를 차지하는 농민들의 세금으로 사들이는 것이었어. 권력 다툼이 심해지면서 세금은 더욱 늘어났어. 왜냐고? 싸움을 하려면 돈이 들었으니까! 당시 귀족들 대부분은 사병을 두고 있었거든. 사병은 '권세를 가진 개인이 사사로이 길러서 부리는 병사'라는 뜻이야. 사병을 많이 갖는 것이 싸움에서 유리하니까 돈이 많이 필요했던 거지. 귀족의 사치와 권력 다툼이 심해질수록 세금은 늘었고, 흉년이나 전염병이라도 겹치면 백성들은 꼼짝없이 죽을 수밖에 없었어. 살기 위해 백성들은 고향을 버리고 떠돌거나 도적이 되었지.

하지만 이게 다가 아니었단다. 일부 농민들은 나라에 세금 내는 것을 거부하고 봉기하여 무기를 들고 관군과 싸우기 시작했거든.

신라의 세 번째 여왕인 진성왕 시절에 일어난 원종과 애노의 봉기(889년)가 대표적이었어. 『삼국사기』에 따르면 관군이 감히 농민군에게 맞서지 못할 정도였다는구나. 쥐도 궁지에 몰리면 고양이를 무는 법이니까.

 **신라 귀족의 사치품을 나르던 길, 실크 로드**

'실크 로드(Silk Road)'라고 들어 봤니? 우리말로는 비단길. 중국 한나라 때 개척된 길이야. 중국의 비단이 로마까지 흘러간 길이라고 해서 비단길이라고 부르게 된 거야. 이 길로 로마의 유리 제품이나 조각품이 중국으로 들어왔지. 게다가 이 길을 통해 불교나 기독교 같은 종교까지 오갔으니, '동서양 문명의 교류'가 이루어진 길이라고 볼 수 있단다. 비단길은 크게 세 갈래였는데, 로마가 생기기 전부터 북방 민족들이 다니던 초원길, 중국과 로마를 본격적으로 이어 주던 오아시스길, 남인도와 동남아시아를 아우르던 바닷길이 그것이야. 신라 귀족이 사랑했던 사치품들도 바로 이 비단길을 통해 들어왔어.

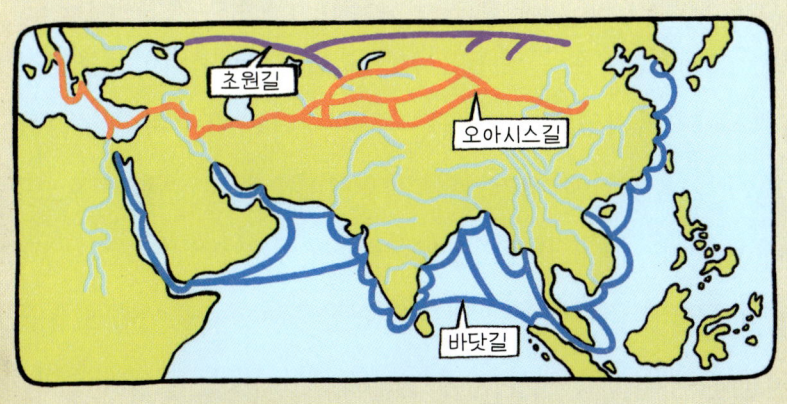

호족, 후삼국 시대를 열다

귀족은 권력 싸움으로 밤을 지새우고 백성은 농민 봉기로 하루해가 짧았던 통일 신라 말기. 이 틈을 비집고 지방에서 '호족'이라는 세력이 새롭게 등장했어.

📖 귀족 간의 왕위 다툼으로 왕이 자주 바뀌는 등 혼란이 계속되면서 지방에서는 고을 주변에 성을 쌓고 군사들을 모아 스스로 자기 고을을 지키는 사람들이 나타났다. 이들은 성주 또는 장군이라 하면서 스스로를 높였는데, 이렇게 한 지방을 실제로 다스릴 만큼 세력이 커진 사람들을 '호족'이라고 불렀다.

통일 신라 말기 각 지방에는 호족들이 등장하여 그 지역을 다스리기 시작했어. 지방의 호족들은 스스로를 '장군' 혹은 '성주'라고 부르면서 중앙 정부의 눈치를 안 보고 그 지방을 실제로 다스렸지. 제멋대로 세금을 걷고 군사를 거느렸으니, 그 지역에서는 자신이 왕이나 마찬가지였지. 그중에는 주변 세력을 흡수하여 나라를 세우고 왕이 된 사람도 생겨났단다. 후백제를 세운 견훤과 후고구려를 세운 궁예가 대표적인 인물들이야.

통일 신라의 군인이었던 견훤이 완산주(지금의 전주)에 도읍을 정하고 후백제를 세운 때가 900년. 바로 1년 뒤에는 궁예가 송악(개경으로도 불렸으며, 지금의 개성)을 수도로 삼고 후고구려를 세웠지. 여기에 신라까지 더해서 후삼국 시대가 문을 연 거야.

그런데 재미있는 건 견훤이나 궁예는 백제나 고구려와는 아무 상관이 없던 인물이었다는 점이야. 견훤은 옛날부터 신라 땅이었던 경상도 상주 출신이고, 궁예는 신라 왕족으로 알려졌으니까. 그렇다면 왜 이들이 후백제와 후고구려를 세웠을까? 이들이 나라를 세운 완산주와 송악은 옛날 백제와 고구려의 땅이었거든. 이 지역

사람들의 지지를 받기 위해 나라 이름을 후백제, 후고구려라고 지었던 거야.

후삼국 시대 지도를 보니 삼국 시대 지도와 비슷하네. 물론 각 나라의 영토가 그때보다 훨씬 줄어든 것이 아쉽지만 말이야. 그런데 한 가지 이상한 점이 보이는군. 후백제 아래의 나주 부근이 후고구려의 땅으로 표시되어 있잖아. 찾았니?

여기에는 사연이 있어. 나주 지역은 원래 후백제에 속해 있었어. 그런데 후고구려가 나주 지역을 공격하여 점령한 거지. 견훤의 입장에서는 적에게 뒷마당을 내어 준 꼴이 된 거야.

그러자 견훤은 나주의 호족들을 공격했고, 궁예는 수군을 보내서 이곳 호족들을 도와주었단다. 이때 궁예의 수군을 지휘한 이가 바로 왕건이야. 원래 왕건 집안은 대대로 송악 지방의 호족이었어. 당시 궁예의 세력이 커지는 것을 보고 아버지와 함께 궁예 밑으로 들어가게 된 것이지. 왕건은 군대를 이끌고 견훤의 부대와 싸워 승리를 거두고 나주를 안정적으로 지킬 수 있었어. 이때부터 왕건은 궁예의 신임을 얻었고, 백성들에게도 이름을 알릴 수 있었던 거야. 나주 지역은 훗날 고려의 후삼국 통일 과정에서도 아주 중요한 역할을 하게 돼. 여기에 대해선 다음 시간에 자세히 이야기해 줄게.

 **신라의 '해상왕' 장보고도 호족이었다!**

통일 신라 말기의 혼란이 시작될 무렵, 당나라의 해적들이 신라 사람들을 잡아가서 노비로 팔아넘기는 일이 벌어졌어. 마침 당나라에서 장수로 활약하던 장보고는 이런 모습을 보고 분통을 터뜨렸지. 신라로 돌아온 장보고는 왕의 허락을 얻어서 1만여 명의 군사를 모아 지금의 완도 지방에 '청해진'이라는 해상 기지를 건설했어. 그러고는 해적을 소탕하고 바다를 통해 오가는 상인들을 보호했지. 덕분에 장보고는 당나라와 신라, 일본을 연결하는 국제 무역을 이끌면서 막대한 재산과 명예를 얻었어. '해상왕'이라는 별명도 얻고 말이야. 하지만 불행히도 권력 다툼의 틈바구니 속에서 그를 시기한 귀족들에 의해 암살당하고 말았어. 많은 학자들은 장보고가 신라 말 호족 세력의 하나라고 생각한단다.

왕건, 호족과 백성의 마음을 얻다

앞의 지도를 보면 알 수 있듯이 후삼국 중에서 가장 넓은 영토를 차지하고 있던 것은 궁예의 후고구려였어. 이제 자리를 잡았으니 굳이 자기의 출신과 상관없는 나라의 이름을 쓸 필요를 못 느꼈던 걸까? 궁예는 나라 이름을 '마진'으로 바꾸었다가, 다시 얼마 뒤에는 '태봉'으로 바꿔. 수도도 송악에서 철원으로 옮기고 말이야. 그리고 스스로를 '미륵불'이라고 부르기 시작해. 미륵불은 미래에 나타나 온 세상 사람들을 구제하는 부처를 가리켜. 하여간 이것까지는 좋은데, 자기가 미륵불이라 다른 사람 마음을 본다고 우기는 거야. 그는 자신의 이런 능력을 볼 관(觀)에 마음 심(心) 자를 써서 '관심법(觀心法)'이라고 불렀어. 그러면서 "내가 관심법으로 보니 넌 반역하려는 마음을 품었다."라고 말하며 많은 사람들을 죽였지. 그중에는 자기 부인과 두 아들도 있었단다. 궁예의 총애를 받던 신하인 왕건 또한 이런 이유로 죽을 뻔했어. 누구도 목숨이 어떻게 될지 알 수 없는 상황이었어. 고민하던 왕건은 선수를 쳤어. 자신을 따르는 부하들을 데리고 궁예를 몰아냈지. 그리고 918년 왕위에 올라 나라 이름을 '고려'로 바꾸었단다.

궁예에 대한 역사 기록은 분명 과장된 면이 있을 거야. 역사란 승자의 기록이니까. 하지만 왕건은 궁예와 달리 민심을 얻기 위해 많은 노력을 했던 건 분명해. 우선 궁예가 전쟁을 치르기 위해 올려

놓았던 세금을 대폭 낮췄어. 빚 때문에 노비가 된 사람들에게 다시 평민의 신분을 되찾아 주기도 했고. 왕건은 민심뿐 아니라 호족들의 마음을 잡기 위해서도 많은 노력을 기울였단다. 특히 아직 고려와 후백제 어느 쪽에도 속하지 않고 중립을 지키고 있던 많은 호족들에게 푸짐한 선물을 보내고 겸손한 태도를 보이기도 했어. 아마도 무력을 사용하여 정권을 잡았기 때문에 더욱 그랬을지도 몰라. 백성들이나 호족들의 마음을 잃는다면 또 다른 세력이 반란을 일으킬 수도 있으니까 말이야.

포석정 경애왕 죽음의 미스터리

이제 후삼국 시대의 대결은 고려 왕건과 후백제 견훤 사이의 싸움으로 좁혀졌어. 이름만 남아 있던 통일 신라는 아무런 힘도 없었거든. 고려의 영토가 더 넓었지만 후백제도 만만한 상대는 아니었어. 만약 지금 맞붙는다면 누가 이길지 아무도 장담하기 힘든 상황. 그래서일까? 왕건이 왕위에 오르자 견훤은 사신을 보내 축하해 주었고, 왕건도 답례를 하면서 고려와 후백제는 겉으로 보기에는 우호적인 관계를 맺었어. 그러면서 왕건은 아직 신생 국가였던 고려를 안정시키는 데 힘을 쏟았고, 견훤은 만만한 신라를 공격하면서 세력을 키웠지. 하지만 두 나라 사이의 아슬아슬한 평화는 곧 깨지고 말아. 후백제의 공격을 받은 신라가 고려에 도움을 요청하고, 고려가 이를 받아들여 지원군을 보냈거든.

포석정에서 경애왕이 죽을 때의 상황도 그랬어. 견훤이 직접 군대를 이끌고 서라벌(신라의 수도로, 지금의 경주)로 쳐들어온다는 소식을 들은 경애왕은 고려에 도움을 청했지. 하지만 고려의 군대가 미처 도착하기 전에 견훤의 군대가 먼저 서라벌에 들이닥쳤어. 그리고 불행히도 경애왕은 포석정에서 죽게 된 거야.

그런데 여기서 의문 하나. 견훤의 대군이 몰려오고 있고 왕건의 지원군은 아직 도착도 안 한 급박한 상황에서 경애왕은 왜 포석정에서 잔치를 열었을까? 더구나 그때는 음력 11월이었으니 양력으로는 12월, 즉 한겨울에 야외인 포석정에서 잔치를 열었다는 것이 말이 될까? 분명히 『삼국사기』에는 "경애왕이 포석정에서 잔치를 베풀고 노느라 적병이 오는 것을 깨닫지 못했다."라고 쓰여 있기는 하지만, 아무리 생각해 봐도 상식적으로 말이 안 되는 것 같아.

이 내용에 대해 『삼국사기』 기록이 잘못되었다고 주장하는 학자들도 있어. 경애왕이 포석정에서 죽은 것은 맞는데, 잔치를 열었던 게 아니라 하늘에 제사를 지내고 있었다는 거지. 위험에 빠진 신라를 구해 달라고 말이야.

이쯤에서 포석정을 다시 한번 둘러볼까? 잔을 띄웠다는 작은 물길 주변에는 온통 나무들이군. 고즈넉한 이곳에서 경애왕은 잔치를 즐겼던 걸까,

아직도 내가 잔치를 즐겼다고 생각하니?

← 경애왕

제사를 지냈던 걸까? 과연 무엇이 진실인지는 알 수 없어. 어쨌든 경애왕은 죽었고, 견훤은 신라 왕족 중의 한 명을 새로운 왕으로 세우고 많은 포로와 재물을 챙겨서 후백제로 돌아갔어. 당장 신라를 정복하는 것은 여러 가지로 무리였거든.

이제 고려와 후백제, 왕건과 견훤의 대결은 피할 수 없는 운명이 되었어. 과연 둘 사이의 승자는? 우리는 당연히 왕건이라는 사실을 알고 있지만, 그 과정이 그리 호락호락하지는 않았어.

후삼국 시대에 대한 다음 설명 중 틀린 것은?

① 신라 말기 귀족들의 사치와 권력 투쟁으로 나라가 혼란에 빠졌다.
② 지방에서는 경제력이나 군사력이 강한 호족이 등장했다.
③ 궁예나 견훤처럼 새로운 나라를 세우는 호족도 있었다.
④ 왕건이 궁예를 몰아내고 왕위에 오르자, 견훤은 군대를 보내 공격했다.

정답 | ④번. 왕건이 왕위에 오르자 견훤은 사신을 보내 축하해 주었어. 싸우기 시작한 건 나중이야.

교과서에 안 나오는 이야기

후삼국 시대의 인물 관계도

복잡한 드라마도 인물 관계도만 보면 한눈에 이해되지? 복잡한 후삼국의 혼란기와 통일 과정을 한눈에 이해할 수 있는 인물 관계도를 살펴보자.

 **견훤**
신라의 장군 출신으로, 후백제를 세우고 왕이 되었다. 왕건과 싸웠으나 아들에게 구금당한 후 왕건에게 투항했다.

 **경순왕**
경애왕이 죽은 뒤 견훤에 의해 왕위에 올랐다. 천년 역사의 신라를 고려 태조 왕건에게 바치면서 신라의 마지막 왕이 되었다.

 **대광현**
발해의 왕족. 나라가 망한 후 수만 명의 백성들을 이끌고 고려로 귀순한다.

 **신검**
견훤의 맏아들. 견훤이 넷째 아들 금강에게 왕위를 물려주려 하자 금강을 죽이고 아버지를 금산사에 감금시켰다.

 **태조 왕건**
송악(개성) 출신의 호족. 궁예의 신하였으나 궁예를 몰아내고 고려를 세운 후, 견훤까지 물리치고 후삼국을 통일한다. 호족 세력을 통합하고 민심을 얻었을 뿐 아니라 발해 유민까지 받아들여 현재 우리 민족의 기틀을 갖추는 진정한 통일 국가를 이룩한다.

 **궁예**
신라 왕족 출신으로 알려진 인물. 후고구려를 세우고 왕이 되었으나 민심을 잃고 왕건에게 쫓겨난다.

 **신숭겸**
고려의 개국 공신 중 한 명. 공산 전투에서 왕건이 위험에 빠지자 그를 대신해 후백제군에 의해 죽임을 당한다.

⇔ 적대 관계
→ 우호 관계

천 년 신라의 시작과 끝, 경주 나정과 포석정

나정

　천 년 역사를 지닌 신라의 수도 경주에는 가 볼 곳이 매우 많지만, 그중에서도 천 년 신라의 시작과 끝을 볼 수 있는 나정과 포석정을 빼놓을 수 없어. 더구나 두 곳은 걸어서 15분이면 갈 수 있을 만큼 서로 가깝단다. 포석정이야 수업 시간에 충분히 설명했으니 잘 알 테고, 나정은 어떤 곳인지 아니? 어디서 들어 본 것 같은데 정확히 기억이 안 난다고? 그럴지도 몰라. 예전에 삼국의 탄생에 관한 수업을 하면서 선생님이 한 번 이야기한 적이 있거든. 신라의 시조 박혁거세가 나온 알이 발견된 곳이 바로 나정이라고 말이야. 아직 왕을 세우지 않았던 사로국의 여섯 촌장이 흰 말 한 마리가 꿇어앉아 절하는 모습을 보고 찾아간 우물가에서 빛나는 알을 보았고, 거기서 태어난 박혁거세가 신라의 첫 왕이 된 것이지. 나정의 정(井) 자는 우물을 뜻하거든. 그런데 우물 터로만 알려졌던 나정에 사실은 건물이 있었다는 사실이 밝혀졌어. 나정의 땅을 파 보니 우물 대신 팔각형의 큰 건물 터가 나온 거야. 모양으로 보나 크기로 보나 사람이 살던 가옥은 아니었던 것 같아. 발굴이 모두 마무리되면 어떤 건물이었는지 밝혀질지도 몰라.

포석정

경주 여행의 필수 코스인 포석정은 아직도 그 흔적이 잘 보존되어 있어. 만단한 돌로 만든 작은 물길의 길이는 약 22미터. 이 물길을 따라 사람들이 둘러앉아 흐르는 물 위에 술잔을 띄우고 시를 읊으며 연회를 벌이다가 술잔이 자기 앞에 오면 마셨다는구나. 정말 분위기 있네. 아마 이 근처에 정자나 다른 건물이 더 있었던 것 같지만 아쉽게도 남아 있는 건 없단다. 신라의 49대 헌강왕이 포석정에서 잔치를 열었는데, 남산의 산신이 내려와 춤을 추었다는 이야기가 전해 내려와.

포석정에서 걸어서 10분만 가면 삼릉이 나와. 1권에서 경주 남산을 소개할 때 이곳에서 출발하는 '삼릉골 코스'를 따라갔었잖아. 삼릉은 3개의 능이 있어서 붙은 이름인데, 그중 하나가 바로 포석정에서 죽은 경애왕의 무덤이란다. 걸어서 몇십 분 만에 천 년 신라의 시작과 끝을 볼 수 있으니, 나정과 포석정 코스는 경주 역사 여행의 핵심이 되는 셈이구나.

:: 알아 두기 ::

가는 길 경주역에서 시내버스를 타면 나정까지 20분이 걸려. 포석정은 나정에서 걸어서 15분 정도면 도착.

관람 소요 시간 나정은 10분이면 충분해. 포석정과 삼릉까지 20분 정도면 모두 둘러볼 수 있어.

휴관일 연중무휴.

추천 코스 나정을 본 후 포석정까지 걸어가서 삼릉과 남산까지 둘러보면 좋아.

3교시

고려, 후삼국을 통일하다!

춘천 신장절공 묘역, 김제 금산사

> 고려의 후삼국 통일은 결코 간단한 일이 아니었어. 라이벌이었던 후백제는 신라의 수도 금성(경주)을 제집 드나들 듯할 만큼 군사력이 막강했고, 이걸 본 고려 쪽 호족들이 후백제 편으로 넘어가는 경우도 많았거든. 그래도 결국 역사는 고려의 손을 들어 주었단다.

오늘은 드디어 고려가 후삼국을 통일하는 과정을 배울 차례야. 여기에는 아주 재미난 이야기들이 많으니까 기대해도 좋아. 그 전에 우선 오늘의 수업 장소에 대해 잠깐 설명해 줄게. 저기 붉은 나무 대문이 보이지? 기둥 두 개에 윗부분만 나무로 연결해 놓은 것 말이야. '홍살문'이라고 부르는데, 왕릉이나 궁전, 관아 등에 세우는 문이지. 그렇다면 이곳은? 왕건의 신하였던 신숭겸의 묘지야. 신숭겸이 왕건을 탈출시키고 그 대신 죽임을 당한 덕분에 왕건이 살아남아 후삼국을 통일할 수 있었단다.

전쟁에서 상대를 이기기 위해 가장 중요한 것은 무엇일까? 훌륭한 무기? 용맹한 군대? 뛰어난 지략? 물론 이 모든 것들이 중요하지만, 나라 전체의 운명을 걸고 벌이는 전면전의 경우에는 중요한 것이 또 하나 있어. 바로 백성들의 마음을 얻는 것.

이런 점에서 본다면 왕건은 이미 견훤을 크게 앞지르고 있었어. 견훤은 신라 왕을 죽게 할 정도로 잔인한 모습을 보여 민심을 크게 잃었고, 왕건은 신라 경애왕의 죽음을 애도하는 사신을 보냄으로써 신라 사람들의 마음을 얻었거든. 더불어 군대의 규율을 엄격하게 해서 백성들에게 피해가 안 가도록 하고, 세금을 줄여서 백성들의 부담을 덜었지.

자신의 백성들뿐 아니라 남의 나라 백성들의 마음까지 얻었다니, 왕건은 진정 '포용의 달인'이라고 부를 수 있겠네. 왕건은 이러한 포용력 덕분에 목숨을 잃을 위기를 넘기고, 뜻밖의 행운을 얻기도 했단다. 지금부터 그 이야기를 자세히 들려줄게.

왕건의 무덤에서 발견된 왕건 청동상이야. 실제 사람 크기로 만들었다니 대단하지?

왕건 청동상

첫 번째 포용: 신숭겸의 희생

왕건의 포용력을 확인할 수 있는 첫 번째 장소는 바로 강원도 춘천에 있는 신숭겸의 묘지(신장절공 묘역)야. 왕건의 장수였던 신숭겸이 춘천 출신이라 이곳에 묻힌 거야. 특이하게도 봉분이 세 개네? 이건 도굴을 방지하기 위해서 그런 거래. 신숭겸의 무덤에는 특이

한 것이 또 하나 있어. 그건 신숭겸의 진짜 머리는 없이 몸만 묻혀 있다는 것. 머리는 황금으로 만들어 붙여서 장사 지냈다는구나. 어째서 이런 일이 벌어졌을까? 경애왕이 죽던 때로 다시 돌아가 보자.

경애왕이 죽었다는 소식을 들은 왕건은 직접 약 5,000명의 군사를 이끌고 송악을 나섰어. 비참하게 죽은 신라 왕의 원수를 갚는다는 명분을 내걸었지. 아까 이야기했듯이 많은 사람들이 견훤의 행동을 잔인하다 생각했으니 민심은 왕건에게 기울었어. 마침내 왕건과 견훤의 군대는 대구에 있는 공산(지금의 경상북도 대구 팔공산 근처)이라는 곳에서 맞붙었단다. 그래서 이 싸움을 '공산 전투'(927년)라고 불러.

그렇다면 결과는? 왕건의 완패! 견훤의 군대가 민심을 잃긴 했지만 전투력은 여전히 막강했거든. 왕건은 공산 전투에서 견훤의 군대에 완전히 포위되어서 사로잡힐 위기에 빠졌어. 이때 부하인 신숭겸이 나섰지. 왕건의 갑옷을 입고, 왕건의 투구를 쓰고, 왕건의 말까지 대신 타고 병사 몇 명과 함께 포위망을 뚫기 시작한 거야. 신숭겸을 왕건이라고 생각한 견훤의 군사들은 삽시간에 그리로 몰렸고, 이 틈을 타서 도망을 친 왕건은 겨우 목숨을 건질 수 있었어.

그런데 신숭겸의 희생과 왕건의 포용력이 무슨 상관이냐고? 왕건이 평소에 신하들을 극진히 대하면서 포용력을 발휘했으니, 위급한 상황에서 목숨을 바치는 신하가 나온 거 아니겠어? 만약 궁예처럼 관심법을 들먹이며 부하들을 반역 혐의로 함부로 처단했다면 이런 일이 절대로 일어날 수 없었을 거야. 견훤의 군사들이 신숭겸의 목을 잘라서 가져가자, 나중에 왕건은 황금으로 머리를 만들어 장사를 지내 주었단다. 도굴을 막기 위해 큰 봉분도 세 개씩이나 만들고 말이야.

공산 전투에서 크게 패배한 왕건은 복수의 기회만 노렸어. 군대를 더욱 철저히 훈련하면서 말이야. 마침내 3년 뒤에 그 기회를 잡을 수 있었어. 왕건의 부대와 견훤의 부대가 고창(지금의 경상북도 안동)에서 결전을 벌이게 되었거든. '고창 전투'(930년)라고 부르는 이 전투에서 왕건은 직접 견훤의 군대와 맞서 싸웠고, 결국 큰 승리를 거두어 지난날의 패배를 씻을 수 있었단다. 그런데 여기에도 왕건의 포용력이 큰 역할을 했어. 왕건은 평소에 다른 지역 호족들을 대할 때 대접을 아주 후하게 해 주었거든. 그래서 고창 지방의 호족들이 왕건을 도왔고, 그 덕분에 전투에서 승리할 수 있었던 거야.

두 번째 포용: 견훤의 투항

왕건의 두 번째 포용력을 확인하기 위해서는 장소를 옮겨야 해. 전라북도 김제에 있는 금산사로 말이야. 이곳에 갇혀 있던 후백제의 왕 견훤이 왕건에게 투항해 왔거든. 어째 이런 일이? 여기에도 사연이 있어.

당시 이미 일흔 살에 가까웠던 견훤에게는 10명의 아들이 있었는데, 견훤은 그중 넷째 아들 금강을 가장 사랑했다지 뭐야. 키가 크고 지략이 뛰어났기 때문이었대. 그래서 금강에게 왕위를 물려주

금산사 미륵전

> 견훤이 갇혀 있던 금산사의 미륵전이야.

려고 하니 형들이 가만있지 않았지. 더군다나 금강은 형들과 어머니도 달랐거든. 결국 맏아들 신검이 다른 두 동생과 손을 잡고 반란을 일으켰어. 권력을 잡은 신검은 아버지인 견훤을 금산사에 가둬 버리고 스스로 왕위에 올랐단다. 견훤은 노발대발했지만 어쩔 수가 없었어. 그와 함께 나라를 세웠던 많은 신하들이 신검 편에 섰거든. 견훤이 제아무리 뛰어난 왕이라 해도 나이가 들어 살날이 얼마 남지 않았으니 말이야.

금산사에 갇히고, 사랑하는 아들 금강이 처형당했다는 소식까지 들은 견훤은 중대한 결심을 해. 이곳에서 도망쳐 왕건에게 항복하기로 말이야. 금산사는 고려의 남쪽 영토인 나주에서 멀지 않았어.

잠깐, 고려의 남쪽 영토라고? 지난 시간에 후삼국 시대 지도를 보며 얘기했잖아. 궁예의 부하로 있던 왕건이 수군을 이끌고 나주를 점령했다고. 후고구려의 영토였던 나주는 자연스럽게 고려의 영토가 되었어. 결국 감금 3개월 만에 나주로 탈출하는 데 성공한 견훤은 송악으로 올라가 왕건에게 투항하고 만단다. 이때가 935년이지. 여기서 왕건은 다시 한번 포용력을 발휘했어. 투항한 견훤을 정말 극진하게 대접했거든. 자기보다 견훤의 나이가 열 살이 많다고 아버지라는 뜻을 담아 '상보(尙父)'라고 부를 정도였으니까. 이런 대접을 받은 견훤의 심정은 어땠을까? 아마도 마냥 기쁘지만은 않았을 거야. 아들로부터 도망쳐 적이었던 고려에 항복했으니 말이야.

하지만 신검에게도 반란을 일으킬 만한 이유가 있었어. 신검을 비롯해 금강보다 나이 많은 아들들에게 큰 잘못이 없었는데도, 넷째 아들 금강에게 왕위를 넘기는 것이 당시에는 무리한 행동이었으니까. 더구나 견훤이 왕건과의 전투에서 패배하고 나이가 들어가면서 권위가 떨어진 것도 반란이 성공한 이유가 되었을 거야.

세 번째 포용: 신라의 항복

견훤이 투항하고 몇 달 뒤, 이번에는 신라의 경순왕이 고려에 투항했어. 견훤은 몸만 왔지만, 경순왕은 나라까지 가지고 왔단다. 천년을 이어 온 신라를 왕건에게 바치겠다고 온 거야. 물론 경순왕 혼자 결정한 일은 아니었어. 고려와 후백제의 전쟁으로 큰 피해를 본

신라 사람들은, 잔인한 견훤보다는 덕이 많은 왕건이 승리하기를 바랐어. 이미 자신들의 나라가 더 이상 유지될 수 없다는 사실도 알고 있었지. 이런 상황에서 경순왕은 나라를 고려에 바치는 것이 백성들을 위하는 길이라고 신하들을 설득하기에 이른 거란다. 이미 왕건은 견훤이 신라를 공격했을 때 지원군을 보내어 신라 사람들의 마음을 얻었어. 왕건의 군사들은 신라 백성들에게 조금도 해를 끼치지 않았지. 백성들은 "견훤이 왔을 때는 호랑이를 만난 것 같더니, 왕건이 오니 마치 부모를 만난 듯하다."라고 말할 정도였대. 왕건의 포용력은 경순왕의 항복 이후에도 계속되었어. 왕건은 경순왕을 자신의 딸과 결혼시켰단다. 함께 항복한 신라의 귀족들도 모두 섭섭지 않게 대접해 주었고.

견훤이 투항하고 신라까지 항복했으니 이제 고려의 후삼국 통일은 시간문제였어. 더군다나 견훤이 앞장서서 자기 아들을 공격하겠다고 나섰어. 누구보다 후백제의 군사와 지형을 잘 아는 견훤이 선봉에 섰으니 이건 누가 봐도 고려에 유리한 싸움이었어. 견훤을 앞세운 고려는 10만 대군으로 후백제에 쳐들어갔고, 신검은 필사적으로 대항했지만(일리천 전투) 고려를 당해 낼 수 없어 항복하고 말아. 이때가 936년. 드디어 고려가 후삼국을 통일하게 된 거야. 왕건은 항복한 신검을 용서하고 목숨도 살려 주었어. 자기가 세운 나라를 자기 손으로 멸망시킨 것에 마음이 상한 탓일까? 견훤은 후백제가 망하고 얼마 지나지 않아 병으로 세상을 떠나고 말았단다.

마지막 포용: 발해 유민의 귀순

발해가 멸망한 것은 고려가 후삼국을 통일하기 딱 10년 전인 926년의 일이야. 신숭겸이 왕건을 대신해 죽기 1년 전에 일어난 일이지. 고구려보다 더 넓은 영토를 다스렸고, 주변 나라들이 '해동성국'이라 불렀던 발해가 멸망한 이유는 무엇일까? 그 이유를 알기 위해서는 당시 중국과 만주 그리고 한반도 북부를 아우르는 역사에 대해 먼저 알아야만 해. 한국사 공부만으로도 바쁜데 왜 주변 지역의 역사까지 알아야 하느냐고? 한반도 주변의 역사를 모르면 한국사 또한 제대로 알 수 없기 때문이지. 수나라와 당나라를 모르고

서는 신라의 삼국 통일을 이해할 수 없는 것과 마찬가지야. 발해가 멸망할 무렵, 중국과 한반도 북부에서는 무슨 일이 벌어졌던 걸까? 1권에서도 배운 내용이니 찬찬히 다시 떠올려 보자.

발해가 멸망하기 얼마 전인 907년, 신라와 손을 잡고 고구려와 백제를 무너뜨렸던 당나라가 멸망했어. 당나라가 무너지면서 중국 대륙은 혼란에 빠졌지. 그러자 중국의 동북쪽에 자리 잡고 있던 유목 민족인 거란이 호시탐탐 중국으로 쳐들어갈 기회를 노렸어. 거란은 원래 나라가 없었어. 유목이란 초원을 옮겨 다니며 가축을 키우는 일이었는데, 늘 사는 곳을 옮겨 다녀야 하는 사람들이 나라를 만드는 것은 어려운 일이었거든. 그래서 거란은 줄곧 중국이나 고구려의 지배를 받다가, 고구려가 멸망하고 중국이 혼란한 틈을 타

서 나라를 세우게 된 거야. 이것이 바로 916년에 세운 요나라였어. 그런데 거란이 요나라를 세우고 중국을 침략하려고 하니, 뒤쪽에 있는 발해가 걸렸어. 만약 발해가 중국과 손을 잡고 거란을 앞뒤에서 공격한다면 큰일이거든. 그래서 중국보다 먼저 발해를 공격하기로 한 거야. 공격 한 달 만에 발해는 허무하게 거란에 무너지고 말았단다.

아무리 그래도 고구려보다 더 큰 영토를 다스렸던 발해가 어떻게 이렇게 빨리 무너질 수 있었을까? 여기에 대해서는 자세한 기록이 없어. 다만 많은 학자들은 발해의 지도층이 서로 싸우고 있었기 때문이라고 생각해. 거란이 남긴 기록에 그런 내용이 있거든. 그러고 보면 지도층의 권력 싸움은 나라를 망하게 하는 가장 큰 원인인 것 같아. 신라는 귀족들이, 후백제는 견훤과 신검이 권력을 두고 다투느라 나라가 망했으니까 말이야.

발해가 멸망하고 나서 여러 차례 다시 발해를 부흥시키려는 노력이 있었고, 그중에는 실제로 나라를 세운 경우도 있었어. 하지만 모두 얼마 되지 않아 사라지고 말았단다. 결국 왕족을 비롯해 많은 발해 유민들이 고려로 발길을 돌렸지. 고려는 고구려의 후예인 발해의 유민들을 조건 없이 모두 받아들였어. 그 덕분에 고려는 민족의 통일을 이룰 수 있었어.

 고려는 스스로의 힘으로 후삼국을 통일하였다. 고려는 후백제와 신라 세력뿐 아니라 발해인까지 받아들여 실질적인 민족 통일을 이루었다. 고려는 통일 이후 삼국의 다양한 문화를 받아들여 개방성과 다양성을 특징으로 하는 새로운 문화의 틀을 만들었다.

바로 이거야. 발해가 멸망한 것은 안타까운 일이지만, 발해 유민과 함께 그 문화를 받아들였기 때문에 고려가 온전한 민족 통일을 이룰 수 있었던 거지. 게다가 고려는 지방 세력을 적극적으로 받아들여 중앙과 지방이 함께 정치에 참여하는 출발점이 되었고, 후백제와 신라의 세력까지도 지배층으로 포용해서 진정한 통합을 이루었던 거야.

다음 중 고려가 후삼국을 통일하는 과정에서 벌어졌던 일을 바른 순서로 연결한 것은?

① 공산 전투 - 견훤의 투항 - 경순왕의 투항 - 발해의 멸망
② 발해의 멸망 - 공산 전투 - 견훤의 투항 - 경순왕의 투항
③ 공산 전투 - 경순왕의 투항 - 견훤의 투항 - 발해의 멸망
④ 발해의 멸망 - 경순왕의 투항 - 공산 전투 - 견훤의 투항

정답 | ②번. 발해의 멸망은 926년, 공산 전투는 927년, 견훤의 투항과 경순왕의 투항은 모두 935년에 일어난 일이야.

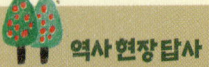 역사 현장 탐사

견훤이 감금되었던 곳, 김제 금산사

금산사 석고미륵여래입상

    김제의 모악산 자락에 자리 잡은 금산사는 전라북도에서 가장 큰 절이야. 백제 법왕 때 지어졌는데, 후백제의 견훤도 평소에 금산사를 중요하게 여겨서 크게 다시 지었다고 해. 이런 절에, 그것도 자신의 아들에 의해 감금되었으니 견훤의 기분이 어땠을까? 이런 견훤의 심정을 헤아리면서 금산사를 둘러보기로 하자.

    오래된 절이 그렇듯이 금산사 입구도 울창한 숲길이야. 꽃 피는 봄이나 단풍이 아름다운 가을에 걸으면 더욱 좋지. 절의 정문인 일주문을 지나면 다시 두 개의 문이 이어져. 보통 다른 절은 문이 하나거나 없는데, 문이 세 개가 있다는 것은 그만큼 절의 규모가 크다는 말이야.

    세 개의 문을 지나 만나게 되는 당간 지주는 우리나라 보물 문화재로 지정되어 있대. 당간 지주가 뭐냐고? 오른쪽 사진에 보이는 것처럼 기다란 돌기둥 두 개가 하늘을 향해 서 있

는 것이 바로 당간 지주야. 절에서 행사를 할 때 이 돌기둥 사이에 불화를 그린 깃발을 꽂아 두기 위해 만든 거야.

금산사를 대표하는 볼거리는 역시 견훤이 갇혔던 미륵전이야. 밖에서 보기에는 3층짜리 목조 건물인데 안으로 들어가면 천장까지 뻥 뚫린 1층 건물이란다. 우리나라 절 중에서 이런 양식은 금산사 미륵전이 유일하대. 조선 중기에 다시 지어진 건물이지만, 삼국 시대의 건축 양식이 남아 있어 국보로 지정될 만큼 그 가치가 높게 평가되고 있어.

미륵전 안에는 11미터 높이의 석고미륵여래입상이 있는데, 우리나라 실내에 있는 불상 중에서는 가장 크대. 이 불상은 서 있는 모습인데, 통일 신라 시대의 불상 양식을 보인다고 해.

금산사의 볼거리는 그뿐만이 아니야. 그중에서도 육각다층석탑이 눈길을 끄네. 보통 석탑은 삼층, 오층, 칠층이 대부분인데, 이 탑은 자그마한 크기에도 불구하고 십일층에 이르러. 역시 보물로 지정된 오층석탑과 석등도 놓치면 아쉬운 볼거리야.

금산사 당간 지주

:: 알아 두기 ::
가는 길 김제시외버스터미널 앞에서 시내버스를 타고 50분쯤 가면 금산사에 도착해.
관람 소요 시간 1시간.
휴관일 연중무휴.
추천 코스 버스 정류장에서 시작해 입구의 숲길을 걸어 일주문을 지난 후, 대웅전과 미륵전 등을 둘러볼 것!

956년 — 광종이 노비안검법을 실시하다
958년 — 광종이 과거 제도를 실시하다

993년 — 서희의 담판으로 강동 6주를 획득하다
(거란의 1차 침입)

1010년 — 거란의 2차 침입

1018년 — 거란의 3차 침입
1019년 — 강감찬이 귀주에서 거란을 대파하다
(귀주 대첩)

1107년 — 윤관이 여진을 정벌하고 동북 9성을 쌓다

2부

국왕에서 백성까지 불심으로 하나 되다

4교시 | **나라 세운 태조, 나라 다진 광종, 마무리는 성종!** _ 논산 개태사, 관촉사
5교시 | **향리를 보면 고려의 신분제가 보인다** _ 국립중앙박물관 고려실
6교시 | **국왕에서 백성까지, 부처님 없이는 못 살아!** _ 파주 용미리, 합천 해인사
7교시 | **거란은 왜 고려를 세 번이나 침략했을까?** _ 서울 낙성대

4교시
나라 세운 태조, 나라 다진 광종, 마무리는 성종!

논산 개태사, 관촉사

개태사

이 솥에 한꺼번에 천 명이 먹을 수 있는 밥을 했다는구나!

개태사 철확

꼬르륵~

> 고려를 세우고 18년 만에 후삼국을 통일한 왕건은 두 가지 숙제를 떠안았어. 나라를 안정시키고 영토를 넓힐 것! 그래서 왕건은 호족뿐 아니라 후삼국과 발해 유민까지 받아들여 나라를 안정시켰지. 발해 유민과 함께 북쪽 영토를 넓히기도 했어. 하지만 왕건이 죽은 뒤, 고려는 다시 혼란에 빠져들었단다.

오늘의 수업 장소는 충청남도 논산의 개태사야. 남한 땅에 몇 없는 고려 유적지 중 하나란다. 왕건이 후백제 세력을 완전히 물리친 후, 후삼국의 통일을 기념하기 위해 개태사를 지었는데 그때 지어진 절은 남아 있지 않아. 지금의 개태사는 조선 시대에 옮겨진 거야. 하지만 이걸 보면 옛날 개태사의 규모를 짐작할 수 있어. '개태사 철확'이라는 안내판 뒤로 커나란 솥이 보이지? 이건 옛날 개태사에서 쓰던 무쇠솥인데, 지름이 3미터에 높이가 1미터나 된대. 여기에 밥을 하면 천 명이 한꺼번에 먹을 수 있었다는구나. 그러니 개태사가 처음 지어졌을 때는 지금보다 훨씬 더 규모가 컸을 거야.

또한 견훤이 자기 손으로 후백제를 멸망시킨 뒤 쓸쓸한 최후를 맞은 곳 또한 개태사였다고 전해져. 그렇다면 견훤의 입장에서는 자신이 세운 나라가 망한 것을 기념해 지은 절에서 세상을 떠난 셈이군. 갑자기 절 분위기도 좀 쓸쓸하게 느껴지는걸!

태조 왕건은 바람둥이?

후삼국을 통일한 왕건 앞에는 절을 짓는 것보다 훨씬 더 중요하고 시급한 일들이 기다리고 있었어. 그중에서도 새로 태어난 통일 국가를 안정시키는 것이 가장 중요한 일이었지.

> 📖 태조 왕건은 통일을 이루는 데 많은 도움을 준 호족을 자기편으로 끌어들여 왕권을 안정시키려 하였다. 후백제와 신라 출신 사람들도 공평하게 대하려고 노력하였다. 발해의 유민이 고려로 들어오자 왕건은 이들을 기꺼이 받아들였다.

여기서 잠깐, 퀴즈 하나! 고려 태조 왕건의 부인은 모두 몇 명이었을까? 갑자기 웬 부인 타령이냐고? 글쎄, 다 이유가 있어. 그러니 한번 추측해 볼까? 그래도 왕이었으니까 한 열 명쯤? 아니면 평생 한 여자만을 사랑했을 수도 있지 않을까? 다 틀렸어. 정답은 무려 스물아홉 명! 아무리 왕이라지만 이건 좀 너무한 거 아니냐고? 조선을 세운 이성계가 평생 단 두 명의 부인을 둔 것과 비교하면 더욱 그렇군. 그렇다면 왕건은 타고난 바람둥이였던 걸까? 그건 아냐.

왕건의 부인이 스물아홉 명이나 된 것은 결혼을 정치에 이용했기

때문이야. 무슨 소리냐고? 왕건은 호족 세력과 손을 잡기 위해 그들의 딸과 결혼을 했다는 이야기야. 호족들의 입장에서도 자기 딸이 왕비가 되는 것이 나쁠 게 없었지. 그러면 자기 집안 세력이 더욱 세질 수 있으니 말이야. 그래서 호족들은 자기 딸을 왕건에게 시집보내려고 적극적으로 노력하기도 했단다. 또한 호족들에게 왕씨 성을 내리거나 벼슬을 주기도 했어. 옛날에는 왕의 성을 받는 것을 가문의 영광으로 여겼거든. 이렇게 함으로써 왕건은 호족을 자기편으로 끌어들이고 왕권을 안정시킬 수 있었던 거야.

후백제와 신라와 발해 사람을 적극적으로 받아들인 것은 민족 통

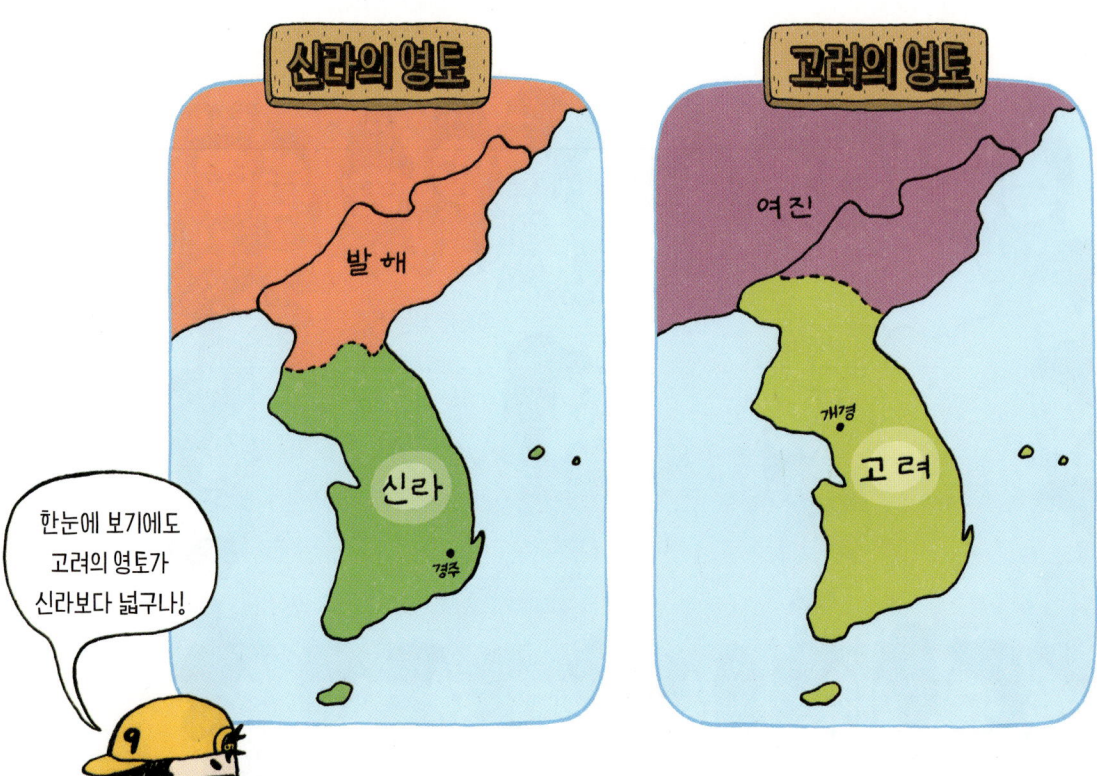

합뿐 아니라 영토 확장에도 도움이 되었어. 특히 발해 유민들은 더욱더. 지난 시간에 거란이 발해를 공격한 것은 분열된 중국 대륙을 침략하기 위해서였다고 이야기했던 것 기억나니? 발해를 멸망시킨 거란은 애초 계획대로 중국의 왕조와 전쟁을 벌였고, 그러느라 이전의 발해 영토였던 고려 북쪽의 땅을 미처 신경 쓰지 못하게 되었지. 그 틈을 노려 태조 왕건은 북쪽으로 영토를 넓히기 시작했어. 고려라는 국호를 지을 때부터 고구려의 옛 영토를 회복하기 위해 노력했던 태조는 결국 통일 신라보다 더 넓은 땅을 차지할 수 있었단다.

고려 국왕의 필수 규칙, 훈요 10조

호족과 백성의 마음을 사로잡아 나라를 안정시키고, 후삼국과 발해의 유민을 받아들여 민족을 통합하고, 내친김에 북쪽으로 영토까지 넓힌 태조는 후손들에게 '훈요 10조'를 남겼어. 앞으로 자신의 뒤를 이을 고려 왕들이 지켜야 할 교훈 열 가지를 남긴 거야.

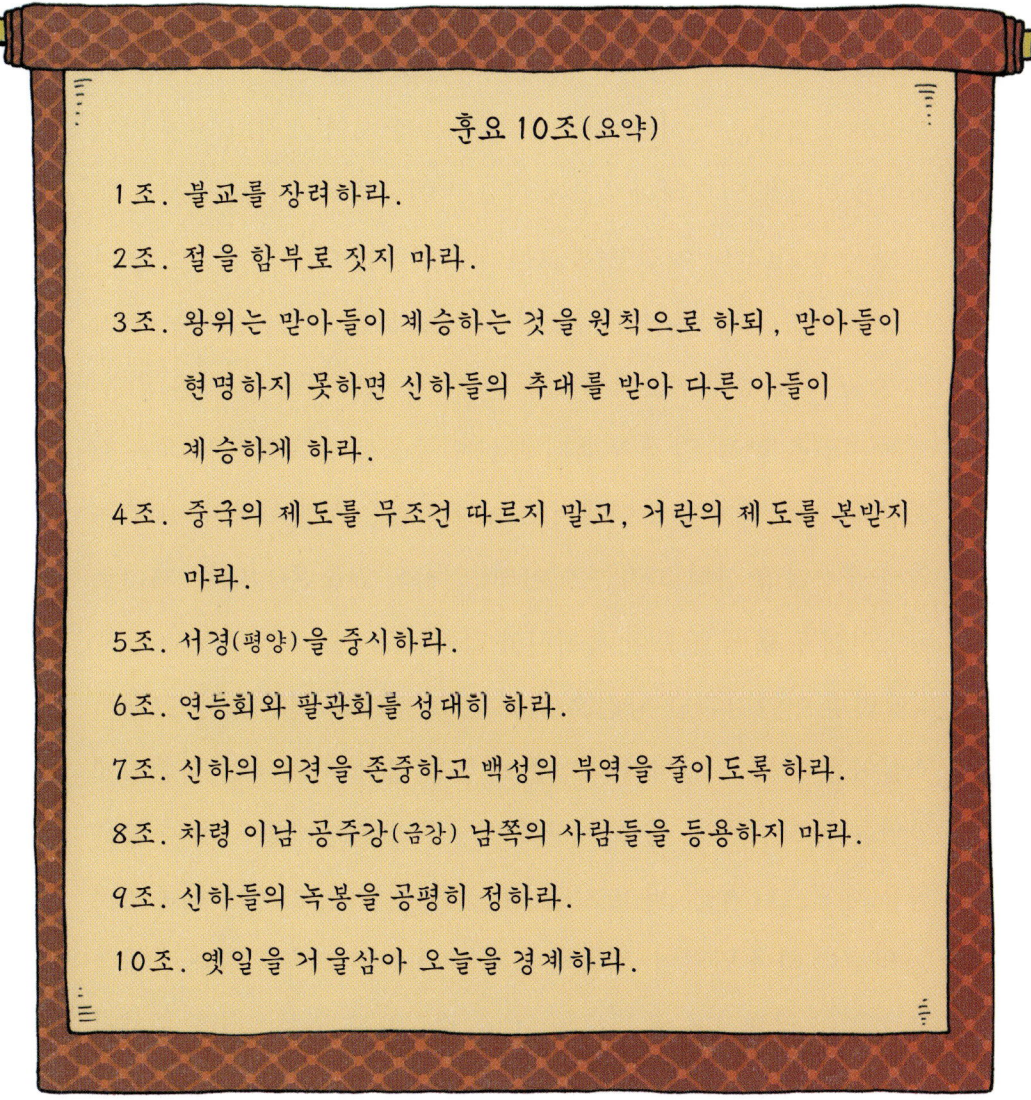

훈요 10조(요약)

1조. 불교를 장려하라.
2조. 절을 함부로 짓지 마라.
3조. 왕위는 맏아들이 계승하는 것을 원칙으로 하되, 맏아들이 현명하지 못하면 신하들의 추대를 받아 다른 아들이 계승하게 하라.
4조. 중국의 제도를 무조건 따르지 말고, 거란의 제도를 본받지 마라.
5조. 서경(평양)을 중시하라.
6조. 연등회와 팔관회를 성대히 하라.
7조. 신하의 의견을 존중하고 백성의 부역을 줄이도록 하라.
8조. 차령 이남 공주강(금강) 남쪽의 사람들을 등용하지 마라.
9조. 신하들의 녹봉을 공평히 정하라.
10조. 옛일을 거울삼아 오늘을 경계하라.

고려 왕이 되려면 훈요 10조를 명심하세요!

1조는 글자 그대로야. 백성을 통합하기 위해 불교는 꼭 필요했으니까. 3조는 왕권 안정을 위해서 당연히 지켜야 할 규칙이었지. 견훤이 넷째 아들에게 무리하게 왕위를 물려주려다 실패한 것을 되풀이하면 안 되니까. 4조는 고려가 상당히 자주적인 나라였다는 것을 보여 줘. 나중에 이야기하겠지만, 중국의 눈치를 많이 봤던 조선에 비해 고려는 중국 왕조에 결코 주눅 들지 않았거든. 5조, 서경을 중시하라는 것은 북쪽으로 영토를 넓히는 일을 게을리하지 말라는 뜻이야. 당시 서경은 북쪽 지역 개척의 전진 기지 역할을 하고 있었으니까. 6조에 나오는 연등회와 팔관회는 불교 관련 행사야. 그러니 이것도 불교를 장려하라는 이야기지. 7조는 너무도 지당하신 말씀이지? 이것만 지켜도 훌륭한 임금이라는 소리를 들을 수 있겠네. 8조에서 말하는 '차령 이남 공주강 남쪽'은 후백제 지역을 말해. 결국 후백제 출신 인물들을 등용하지 말라는 소리인데, 이건 학자들 사이에서도 논란이 많은 부분이란다. 10조는 역사 공부를 열심히 하라는 이야기! 역사의 교훈은 나라를 제대로 다스리기 위해 꼭 필요한 것이니까 말이야.

당연한 이야기지만 왕건 자신도 훈요 10조를 실천했어. 그래서 스물아홉 명의 부인에게서 얻은 아들들 중에서 첫째인 혜종에게 왕위를 물려주었지. 혜종은 왕자 시절부터 전쟁터를 누비며 많은 공을 세웠으니 누가 봐도 자연스러운 일이었어. 그런데 혜종에게는 약점이 하나 있었어. 혜종의 외가는 타 지역 호족에 비해 상대적으로 힘이 약했거든. 왕건도 이 점을 걱정해서 충성스러운 부하인

박술희에게 혜종을 부탁하고 눈을 감았지. 하지만 왕건의 걱정은 현실로 나타나고 말아. 두 딸을 왕건과 결혼시킨 왕규라는 자가 박술희를 죽였어. 그리고 혜종까지 없앤 뒤 자신의 외손자를 왕위에 앉히려고 했지. 실제로 혜종의 침실로 자객이 들어오는 일까지 벌어졌어. 혜종은 자객을 주먹으로 물리칠 만큼 힘이 셌지만, 결국 즉위 3년 만에 병으로 죽고 말아. 그래서일까? 혜종이 병으로 죽은 것이 아니라 독살당한 것이 아닐까 하고 의심하는 사람들이 많았어. 뒤를 이은 정종도 4년을 넘기지 못하고 병으로 목숨을 잃었지. 연이은 왕의 죽음으로 나라가 혼란에 빠질 무렵, 고려의 제4대 왕인 광종이 왕위에 오르게 되었단다. 이때가 949년이야.

다음 중 태조 왕건이 남긴 훈요 10조에 해당하지 않는 내용은?

① 불교를 장려하라.
② 왕위를 맏아들이 잇는 것이 원칙이다.
③ 중국의 문물을 꼭 따라야 한다.
④ 서경(평양)을 중시하라.

정답 | ③번. 반드시 따를 필요는 없다고 했지.

광종의 왕권 안정책
: 불법 노비 해방, 과거 제도 실시!

혼란할 때 왕위에 오른 광종은 호족의 세력을 억누르면서 왕권을 강화했어. 광종의 정책에 대해서는 자리를 옮겨서 더 설명해 줄게. 개태사에서 그리 멀지 않은 곳에 있는 관촉사라는 절로 가 보자. 관촉사는 우리나라에서 가장 큰 석조 불상이 있는 곳으로 유명해. 높이 18미터가 넘는 이 불상은 거대한 바위를 깎아서 만들었지. 역시 큰 불상이라 절에 들어서자마자 보이는구나.

어, 그런데 부처님 모양이 조금 이상해. 얼굴이랑 머리가 커도 너무 크잖아? 또 부리부리한 눈이며 네모난 얼굴이 인자한 부처님의 모습과는 거리가 멀어. 마치 금방이라도 '이놈!' 하고 혼쭐을 낼 것처럼 무시무시해. 이 부처님의 정식 이름은 '논산 관촉사 석조 미륵보살입상'이야. '석조'는 돌로 만

어마어마한 크기의 불상이지? 그런데 몸매가 2등신이군그래.

관촉사 석조미륵보살입상(은진 미륵)

들었다는 뜻이고, '입상'은 서 있다는 뜻이야. '미륵보살'은 궁예가 스스로를 일컬었던 미륵불과 같은 말이고. 미래에 중생을 구하러 오신다는 부처님 말이야. 관촉사 석조미륵보살입상은 이곳의 옛날 지명을 따서 간단히 '은진 미륵'이라고 불리기도 한단다.

📖 고려 왕실은 후삼국을 통일한 위엄을 세우고 고려 건국의 정당성을 알리기 위하여 커다란 불상과 탑을 만들었다. 이는 부처를 찾는 사람들이 웅장한 불상을 보며 더 큰 믿음과 존경심을 가지도록 하기 위해서였다.

은진 미륵이 만들어진 때는 광종이 왕위에 오르고 19년이 되던 해(968년)였어. 한창 호족 세력을 억누르면서 왕권을 강화하던 시기였지. 강력한 왕권을 휘두르던 광종의 모습이 혹시 은진 미륵과 닮지는 않았을까? 그런데 광종이 나라를 들었다 놓았다 하던 호족들을 어떻게 꽉 잡을 수 있었느냐고?

광종은 왕권을 강화하기 위하여 원래 양인이었는데 억울하게 노비가 된 자들을 조사(안검)하여 신분을 되찾아 주었어(956년). 이를 '노비안검법'이라고 해. 또 광종은 관식을 독차시하려는 중앙 관리들의 힘을 견제하기 위하여 과거 제도를 실시하기도 했어(958년). 지금부터는 노비안검법과 과거 제도에 대해 좀 더 설명해 줄게.

먼저 노비안검법을 살펴보자. 어째서 노비를 양인으로 만드는 것이 왕권을 강화하는 일이었을까? 호족이 노비를 많이 가지고 있었다는 걸 생각하면 답이 나와. 호족에게 노비는 재산이자 군사력이

었거든. 평소에는 주인을 위해 일하다가 무기를 들면 바로 사병이 되는 것이었으니까. 또 자신이 일한 것의 대부분을 주인에게 바치는 노비와 달리 양인은 국가에 세금을 냈어. 그러니까 노비를 양인으로 만드는 것은 호족의 재산을 빼앗고 무력을 약화시키는 동시에 국가의 수입을 늘리는 일이었던 거야. 한마디로 '일석삼조'였던 셈이지.

다음은 관리를 뽑는 시험인 과거 제도를 보자. 광종이 과거 제도를 실시하기 전에는 관리가 되기 위해서 시험을 볼 필요가 없었어. 신라 시대에는 중앙 귀족이, 고려가 세워지고 나서는 호족들이나 공신들이 관리가 되었으니까. 관리가 된 호족들은 지방에서 중앙으로 진출해 또 하나의 파벌을 이루었단다.

그런데 과거가 치러지면서 두 가지가 바뀌었어. 하나는 집안이 아니라 실력이 좋은 사람들이 관리가 되었다는 것. 그래서 집안이 좋지 않더라도 능력이 뛰어나면 출세할 수 있게 되었어. 다른 하나는 과거를 통해 관리가 된 사람들은 왕에게 충성을 다했다는 거야. 과거에 합격한 사람들에게 관직을 주는 것이 바로 국왕이었으니까. 거기에다 시험 과목이었던 유교 경전들은 모두 왕에게 충성할 것을 주장하고 있었어. 그러니 과거 제도 역시 호족들의 힘을 약하게 하는 역할을 했지.

과거를 통하지 않고 벼슬길에 오르는 방법도 있기는 했어. 나라에 공을 세우거나 높은 벼슬에 오른 관리의 자손들은 과거를 보지 않고도 벼슬을 받았지. 이런 제도를 '음서'라고 불러. 하지만 중요한 관직을 받기 위해서는 과거를 통과하는 것이 중요했지. 그래서 음서로 벼슬에 오른 사람들도 과거를 보는 경우가 많았단다.

광종은 또 관리의 등급에 따라서 옷의 색깔을 정하는 '공복 제도'를 실시했어. 이를 통해서 왕을 중심으로 한 관리들의 서열을 확실하게 정해 주었지. 덕분에 왕권이 더욱 강화되었단다.

그렇다면 호족들은 가만히 당하고만 있었을까? 그럴리가! 광종은 터져 나오는 불만을 힘으로 막았어. 조금이라도 반란의 기운이 보이면 호족들이나 공신들은 물

> 집안이 좋지 않아도 과거를 치르면 출세할 수 있었구나!

론, 왕족들까지도 가만두지 않았지. 박치기 한 방이면 산에 구멍이라도 뚫을 듯한 관촉사 은진 미륵처럼 말이야. 이 기세에 눌려 광종이 왕위에 있던 26년 동안 호족들의 힘은 약해지고 왕의 힘은 아주 강해졌단다.

광종의 또 다른 업적은 스스로를 '황제'라고 불렀다는 거야. 황제는 왕보다 높은 사람을 말해. 그 전까지는 중국의 임금은 '황제', 고려의 임금은 '왕'이었어. 중국이 고려보다 크고 발전한 나라라는 것을 인정했던 셈이지. 하지만 황제라 부르면서부터는 고려도 중국과 대등한 나라가 된 거야. 거기다 '준풍'이라는 연호를 정하고, 개경을 '황도'라 불렀지. 연호란 '해 년(年)'에 '이름 호(號)', 그러니까 해를 부르는 이름으로, 황제만이 정할 수 있는 거였어. 이전에는 중국의 황제가 정한 연호를 썼는데, 광종은 그것과는 다른 연호를 쓴 거야. 황도는 황제가 있는 나라의 수도를 뜻해. 그러니 이제부터 고려는 중국과 같은 황제의 나라가 된 거야.

하지만 아쉽게도 연호를 사용한 건 불과 몇 년 동안만이었어. 그 뒤 광종이 중국에 외교 문서를 보낼 때는 다시 중국의 연호를 따랐단다. 중국의 앞선 문물을 받아들이기 위해서는 그들의 비위를 맞춰 줄 필요가 있었으니까 말이야. 그러면서 황제라는 칭호도 국내용에 머물렀지. 광종이 스스로 황제라고 한 것은 호족 세력에 맞서 자신의 권위를 높이기 위해서였다고 볼 수 있어.

 **광종, 외국인 인재를 뽑아 쓰다**

광종은 개혁 정책을 추진하면서 외국에서 고려로 귀화한 사람들을 뽑아 쓰기도 했어. 과거 제도 도입은 후주에서 귀화한 쌍기라는 학자의 작품이었지. 후주는 당나라 멸망 후 세워진 중국의 5대 왕조 중 하나야. 쌍기가 중국의 과거 제도를 고려에 소개한 것이지. 당나라가 멸망하고 나서 중국은 여러 나라들이 세워졌다 망하는 혼란기를 겪고 있었는데, 이때 중국인을 비롯한 많은 외국인이 고려로 귀화했단다.

나라 다지기의 완성, 성종과 최승로

광종이 병으로 세상을 뜨자, 강력한 권위 아래 눌려 있던 호족 세력이 용수철처럼 들고 일어났어. 왕위를 이은 갓 스무 살의 경종은 호족들의 불만을 받아들일 수밖에 없었지. 이 과정에서 또다시 권력 싸움이 일어나서 수많은 사람이 목숨을 잃었단다. 광종과 경종을 거치면서 극과 극을 오가던 고려는 성종이 즉위하자 비로소 안정을 되찾았어. 성종은 유교의 정치 원리를 바탕으로 고려의 상황에 맞는 정치 제도를 만들었거든. 또 나랏일은 관리들 간에 충분한 의논을 거친 뒤 왕의 허락을 받아 이루어지게 했어.

성종의 성공 비결을 한마디로 요약하면 '온건한 개혁'이라 할 수 있어. 나라의 통치 제도를 유교식으로 정비하고, 왕에게 '충성'하는 것을 중요한 덕목으로 강조했어. 그러면서도 광종이 양인으로 만든 사람을 다시 노비로 돌리는 등 호족에게 부드러운 정책을 쓰

기도 했지. 유교가 생겨난 나라인 중국의 정치 제도를 가져오면서도 고려의 상황에 맞게 바꾸었단다. 당나라의 3성 6부 제도를 받아들이면서, 실제로는 2성(중서문하성과 상서성) 6부(이부, 병부, 호부, 형부, 예부, 공부)의 형태로 운영했지. '성'은 나랏일을 결정하는 부서이고, '부'는 결정된 일을 집행하는 부서야. 이처럼 고려의 상황에 맞는 제도를 만들면서 나라의 기틀이 잡혔어. 물론 이건 광종의 개혁이 있었기 때문에 가능한 일이었지. 그러니까 고려를 세운 것은 태조지만, 고려의 기틀을 다진 것은 광종과 성종이라고 볼 수 있는 거야.

또 하나 성종이 광종과 달랐던 것은 이런 개혁을 신하들과 함께 추진했다는 점이야. 국왕과 신하의 협동 작업이라고 할까? 대표적인 신하는 최승로. 그는 성종에게 스물여덟 가지 개혁 방향을 제시했고, 성종은 이를 대부분 받아들였단다. 이것을 '시무 28조'라고 해. 그중 가장 중요한 내용을 보자.

> 불교를 믿는 것은 내세의 복을 구하는 일이고 유교를 행해 나라를 다스리는 것은 오늘의 급한 일이니 현재 필요한 것을 버리고 지극히 먼 내세에 힘쓰는 것은 옳은 일이 아닙니다.

그러니까 최승로는 불교를 종교로 인정은 하지만 나라를 다스리는 것은 유교로 해야 한다고 주장한 거야. 이전의 광종은 막강한 권력을 행사하여 호족 세력을 제압했지만, 국가의 통치 방식을 완전히 정비하는 데에는 이르지 못했어. 최승로의 건의를 받은 성종은 정치 체계를 갖추고 철저하게 유교를 통해 나라를 다스렸단다. 국가 교육 기관인 국자감을 만들어서 유교 교육을 강화했고, 불교 행사를 폐지했지. 또한 성종은 유교에 바탕을 둔 각종 제도를 만들었는데, 이건 후대까지 고려의 기본 뼈대를 이루었단다.

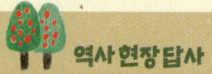

고려의 역사 따라 개태사와 관촉사 둘러보기

개태사 석조여래삼존입상

　　개태사와 관촉사는 모두 충청남도 논산에 있어. 둘 사이의 거리는 약 16킬로미터. 승용차를 타고 간다면 두 군데를 한꺼번에 둘러보는 것도 가능해. 먼저 개태사로 출발해 볼까?

　　개태사에서 먼저 보아야 할 것은 뭐니 뭐니 해도 개태사 철확이야. 지름 3미터, 높이 1미터라는데, 실제로 보면 엄청난 크기에 입이 떡 벌어질지도 몰라. 어찌 보면 개태사 철확은 아까 본 은진 미륵의 밥그릇인 것도 같아. 개태사 석조여래삼존입상(삼존불) 또한 반드시 봐야 할 유물이지. 이름 그대로 세 명의 부처님이 나란히 서 있는 모습이야. 왜 절에 가면 큰 부처님 한 분을 가운데 두고, 좀 작은 부처님 둘이 좌우에 나란히 있잖아? 개태사 석조여래삼존입상도 이와 비슷한 형태이기는 한데, 아무래도 어딘가 좀 다르게 보이네. 예술품 같은 신라 불상에 비하면 거칠게 보이는 것 같기도 하고. 투박하지만 위풍당당한 모습이 삼국을

관촉사

통일한 고려의 위엄찬 모습을 나타내는 듯해.

관촉사에서 가장 유명한 것은 은진 미륵이지만, 그 앞에 있는 관촉사 석등 또한 놓쳐서는 안 돼. 이 또한 고려 광종 때 만들어진 것으로 여겨지는데, 석등 구멍을 통해 보는 은진 미륵은 색다른 느낌이란다. 석등 앞에는 석탑이 자리잡고 있어. 그 앞에는 연꽃무늬가 아직도 선명하게 남아 있는 배례석이 있고. 배례석은 절을 찾은 사람들이 부처님께 절을 하던 곳이라고 해. 이것 또한 고려 시대 작품으로 짐작된다니 정말 우리 땅에는 역사가 켜켜이 쌓여 있다는 생각이 드는구나. 기왕 관촉사를 찾는다면 꽃 피는 봄이 좋아. 논산 시내에서 관촉사에 이르는 길은 벚나무가 빽빽이 들어서 있거든. 해마다 4월쯤에는 벚꽃 터널이 장관을 이룬단다.

:: 알아 두기 ::

가는 길
개태사: 논산역에서 시내버스를 타고 개태사에서 내리면 돼. 개태사로 가는 버스는 자주 있지 않으니 시간을 미리 확인할 것.
관촉사: 논산역에서 시내버스를 타고 20분 남짓 간 후 관촉사에서 내리면 걸어서 5분 만에 도착.

관람 소요 시간 개태사 20분, 관촉사 30분.
휴관일 연중무휴.
추천 코스 개태사: 마당 오른쪽에 있는 철확을 보고, 대웅전 안으로 들어가 삼존불에게 인사.
관촉사: 대웅전, 탑, 은진 미륵 순서로 본 뒤에 산신각 쪽으로 올라가서 관촉사를 한눈에 보는 것으로 마무리.

5교시

향리를 보면 고려의 신분제가 보인다

국립중앙박물관 고려실

은도금 타출 연꽃 넝쿨무늬 표주박 모양 병

은도금 은합

청자 석류 모양 연적

청자 음각 풀꽃 무늬 꽃 모양 잔

은제 장도집과 금동 장도집

고려 귀족들이 사용했던 물건들이야. 화려하고 세련됐지!

> 태조, 광종, 성종을 거치면서 고려는 제 모습을 갖추었어. 새로운 나라 고려는 이전과 닮은 듯 다른 나라였지. 통일 신라와 마찬가지로 사람들은 신분에 따라 사는 모습이 달랐어. 고려 사회에서는 특히 중류층의 역할이나 비중이 커졌단다. 고려의 여성들은 결혼을 할 때나 재산을 물려받을 때 남성과 똑같은 권리를 누렸어.

오늘은 오래간만에 국립중앙박물관에 왔어. 아무래도 남한에는 고려 시대 유물과 유적이 많지 않은데, 그나마 있는 유물 대부분이 이곳에 전시되어 있거든. 앞으로 남북이 자유롭게 왕래할 수 있게 되면 고려 유적들을 더 많이 찾아볼 수 있을 테니, 고려 시대를 제대로 공부하기 위해서라도 남북한이 더 친해져야겠군.

어쨌든 오늘은 국립중앙박물관, 그중에서도 '고려실'을 둘러볼 거야. 고려실은 모두 세 개의 방으로 이루어져 있는데 고려 1실부터 보자. 여러 문서들이 보이고, 관리들의 초상화나 글씨를 새긴 석판들이 있네. 여기 좀 봐. 한자들이 세로로 줄을 맞춰 잔뜩 늘어선 문서가 하나 보이지? 같이 한번 읽어 볼까? 음, 검은 건 글씨고 누런 것은 종이로구나. 그럼 문서 아래쪽에 한글로 된 안내문을 보자.

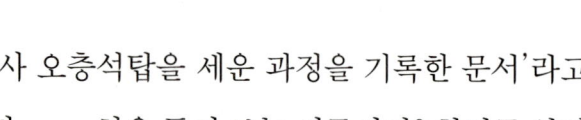

향리들이 정도사 오층석탑을 세운 과정을 기록한 문서(1031년)

이게 다 무슨 소리예요?

'향리들이 정도사 오층석탑을 세운 과정을 기록한 문서'라고 되어 있군. 향리라……. 처음 들어 보는 이름이지? 향리를 알면 고려 시대의 신분 제도를 이해할 수 있어.

중앙 호족은 귀족으로, 지방 호족은 향리로

향리가 어떤 계층인지 알아보기 전에 질문 하나. 지난번에 배운 호족에 대해 말해 볼까? 그래, 통일 신라 말기에 후삼국 시대를 열었던 지방 세력들이지. 고려를 세운 왕건도 송악(개성)의 호족이었잖아. 왕건은 다른 호족들의 마음을 얻기 위해서 혼인도 여러 번 하는 등 노력을 많이 했지. 호족이야말로 고려를 세운 주도 세력이라고 할 수 있어. 그렇지만 호족이라고 해도 모두 같은 호족은 아니었어. 세력이 컸던 호족은 왕건과 혼인 관계를 맺으면서 중앙으로 진출했지만, 그렇지 않은 많은 호족은 지방에 그대로 남아 있었거든. 이렇게 중앙에 진출한 호족은 귀족이 되어서 고려를 다스렸고, 지방에 남은 호족은 향리가 되어서 그 지역에서 영향력을 가지게 되었던 거야.

여기서 잠깐. 우리가 현재 갖고 있는 성씨와 본관 중 상당수가 고려 시대에 시작된 것을 알고 있니? 바로 고려 시대 호족과 향리들에 의해서야. 이들은 각기 자기 지역을 본관으로 삼고 성씨를 만들었어. 본관이 뭐냐고? 본관이란 성씨의 조상이 살던 곳을 말해. 전주 이씨, 밀양 박씨 할 때의 전주와 밀양이 본관인 거지. 태조 왕건의 경우에 대대로 송악에 살았으니 개성 왕씨가 되는 거야. 『고려사』에 따르면 왕건의 아버지 이름은 '용건', 할아버지 이름은 '작제건'이었어. 왕건의 아버지는 '왕융'이라는 이름으로도 활동했는데, 그 전까지는 성을 쓰고 있지 않다가 '왕'이 성씨가 된 거지.

자, 다시 신분제 얘기로 돌아가자. 향리에도 등급이 있었단다. 상층 향리는 지역의 지배층으로서 그 지역에서 일어나는 중요한 일들을 직접 결정했어. 또 상층 향리의 자제들은 과거를 통해 중앙 관직으로 진출하기도 했지. 그보다 낮은 향리는 중앙에서 파견된 관리를 도와서 지방의 행정 실무를 담당하거나 상층 향리를 도와 일을 했어.

방금 본 문서를 통해서도 고려 시대 향리가 지역 사회를 주도했다는 것을 알 수 있어. 이 문서는 경상북도 상주의 약목이라는 곳의 향리와 주민들이 그 지역에 있던 절에 오층석탑을 세우게 된 과정

을 기록한 거야. 당시로서는 큰 규모의 공사를 주도한 이들이 바로 향리였어.

고려의 신분은 귀족과 중류층, 양인, 천민으로 구성되었어. 고려는 각 신분에 따라 사는 지역에 차별을 두었을 뿐만 아니라 집, 음식, 입는 옷도 달랐지.

귀족은 왕족을 비롯한 고위 관리의 가문 사람들로 구성되었어. 그들은 높은 벼슬과 많은 토지를 가지고 대대로 부와 권력을 누리고 살았지. 보통 그들을 '문벌 귀족'이라고 불러. 주요한 귀족 가문들에서는 자녀들의 결혼도 그들끼리만 했어.

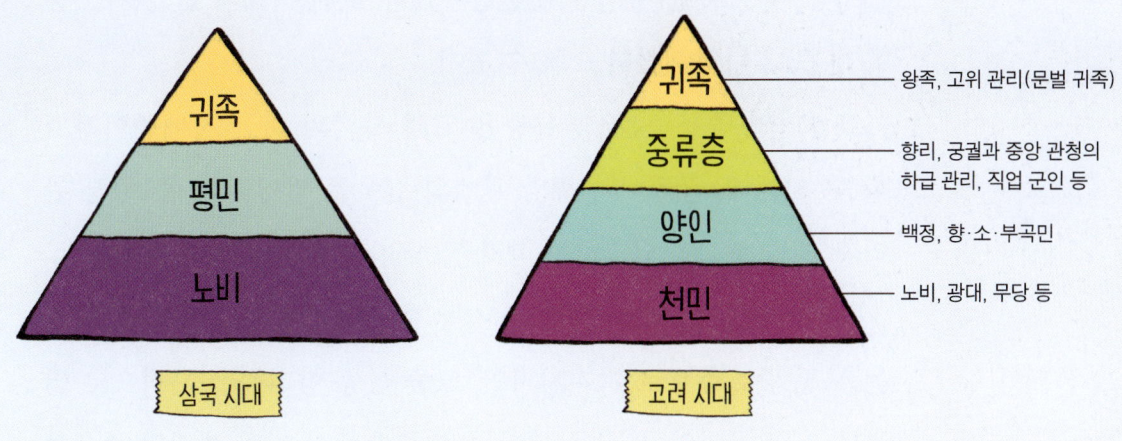

여기서 잠깐, 삼국 시대 사람들의 신분은 어떻게 나뉘어 있다고 했지? 귀족, 평민, 노비! 그러니까 고려 시대 신분 제도는 삼국 시대와 비슷하지만 조금 다르구나. 귀족이라는 신분이 있었던 것은 삼국과 고려가 같아.

양인은 평민과 비슷한 말이지만 고려 시대의 양인은 다시 둘로 나뉘어. 평범한 양인들과 특수한 지역에 살던 양인! 평범한 양인들은 '백정'이라고 불렸어. 백정은 주로 농사를 짓는 일반 농민인 경우가 많았어. 조선 시대에 소나 돼지를 잡던 천민인 백성과는 구분해야 해. 고려에는 특수한 지역의 행정 구역으로 향·소·부곡이 있었는데, 이 마을에 사는 양인들은 나라를 위해 더 많은 일을 하거나 특산물을 바쳐야 했단다. '차별받는 양인'이라고 할 수 있겠군.

천민은 말 그대로 '천한 사람들'이라는 뜻이야. 삼국 시대의 천민은 대부분 노비였지만, 고려 시대에 들어오면 노비뿐 아니라 광대,

뱃사공, 무당 같은 사람들도 천민이었어. 고려 시대의 천민은 그 종류가 좀 더 다양해졌다고 볼 수 있지.

그렇다면 중류층은? 중류층은 고려 사회의 하급 지배층이라고 할 수 있는데, 궁궐이나 중앙 관청의 실무를 담당하는 중·하급 관리층, 지방 행정을 담당하는 향리층, 직업 군인층 등이 여기에 속해.

향리의 신분은 조금 복잡해. 지방 행정의 실무를 담당하는 향리는 보통 중류층으로 여겨지지만, 그중 상층 향리는 신분적으로 더 높은 지위에 있었어. 상층 향리는 각 고을에서 지방 행정의 중요한 일을 담당하기도 했고, 그들 집안의 자녀 중에는 과거 시험에 급제하여 고위 관리가 되어 결국에는 문벌 귀족의 신분까지 올라가는 경우도 있었지. 골품제가 철저해 신분 상승이 거의 불가능했던 신라에서는 꿈도 꿀 수 없는 일이었어. 고려는 신라보다 신분 이동이 자유로웠으니, 좀 더 발전한 사회였다고 할 수 있겠군.

고려의 신분, 유럽의 신분

고려와 같은 시기에 유럽에서도 사람을 신분에 따라 나누었어. 유럽의 신분은 성직자, 귀족, 평민으로 이루어져 있었지. 귀족이나 평민은 알겠는데, 성직자가 좀 특이하지? 여기서 성직자란 신부와 같은 기독교의 성직자들을 가리켜. 당시 유럽은 기독교가 지배하는 사회였거든. 그래서 성직자들의 힘이 상당히 컸단다.

귀족 중의 귀족, 문벌 귀족

향리라고 다 같은 향리가 아니었듯이 귀족 또한 다 같은 귀족이 아니었어. 귀족 중에서도 대대로 높은 벼슬에 오르거나 왕실과 혼인을 맺는 가문들이 생겨났는데, 이를 '문벌 귀족'이라고 부른다고 했지? 문벌은 가문이라는 뜻이니까, 문벌 귀족이란 귀족 가운데 중요한 가문, 그러니까 '귀족 중의 귀족'을 가리키는 셈이야.

고려 최고 문벌 귀족 가문의 기틀을 마련한 사람이 있는데 바로 이자연이야. 이자연은 세 딸을 모두 왕비로 만든 인물이야. 외손자들은 왕이 되었고 외손녀, 증손녀도 줄줄이 왕비가 되었단다. 하지만 이건 나중에 불행의 씨앗이 돼. 왜냐고? 너무 큰 권력을 가지면 오히려 화를 당할 수도 있는 법이거든. 이것은 고려 역사에서도 중요한 문제이니 다음 시간에 자세히 이야기해 줄게.

문벌 귀족들은 아주 호화로운 생활을 했어. 궁궐 부럽지 않게 넓은 집에서 수많은 노비를 거느리고 떵떵거리며 살았으니까. 중국에서 수입한 비단옷을 입고, 청자로 만든 명품 바둑판에 바둑을 두었어. 그뿐만 아니라 경치가 아름다운 곳에 별장을 짓기도 했지. 여기에 더해 이자연 같은 사람은 자신의 딸을 왕비로 만들어서 권력까지 누린 거야.

비교 체험 극과 극! 고려 귀족 대 고려 농민

귀족, 그중에서도 문벌 귀족이 호화로운 생활을 할 수 있었던 것은 양인들이 열심히 일했기 때문이야. 고려의 양인들은 주로 농민으로, 백성의 대부분을 이루고 있었어. 이들은 농사를 지어 생산한 곡식의 일부분을 세금으로 냈으며 나라에서 하는 일에 동원되었지.

고려 시대 농민들이 내던 세금의 종류는 크게 세 가지로 나눌 수 있어. 우선 수확한 곡식의 일부. 이건 주로 쌀과 잡곡으로 이루어졌지. 다음으로는 그 지역에서 생산되는 특산품. 마지막으로 군대에 가거나 나라에 큰 공사가 있을 때 공짜로 일을 해 주는 것도 세금의 하나였어. 농민들은 이렇게 세금을 바치고 나면 먹고살기 참 빠듯했지. 군대나 국가 공사에 동원되어 농사를 못 짓게 되는 일도 흔했고, 흉년이 들면 굶주려 죽는 사람들이 생길 정도였어. 그래서 나라에서는 흉년이 들었을 때 백성들에게 곡식을 꾸어 주고, 나중에 곡식을 수확하여 갚도록 했단다. 이런 제도를 '의창'이라고 불렀는

미륵하생경 변상도(부분)

데, 이건 고구려의 '진대법'을 이어받은 거였어. 고구려 때 굶주린 백성들에게 곡식을 빌려주는 '진대법' 제도를 시행했다고 이야기했던 것, 기억나지?

  고려 시대에 그려진 앞의 두 그림을 보면 고려 시대 귀족과 농민의 생활을 비교할 수 있어. 호화로운 집에서 그림을 감상하며 한가로이 지내는 귀족의 생활을 그린 「아집도 대련」과 힘들게 농사짓고 있는 농민들이 그려진 「미륵하생경 변상도」가 그것이야. 일하는 농민들 옆에는 편히 앉아 농민들을 감독하는 사람이 보이는군! 아마 문벌 귀족 집안의 하인일지도 몰라.

이 밖에도 귀족과 농민(양인) 사이에는 중요한 차이가 있었단다. 보통 백성들은 이름만 있었지만, 귀족들은 성과 이름을 모두 가지고 있었지. 사람이라면 누구나 성과 이름을 갖고 있는 거 아니냐고? 아냐! 일반 백성들까지 모두 성을 갖게 된 것은 조선 시대 후기의 일이었어. 그 전까지 성은 지배층에 속한 사람들만 가질 수 있는 것이었지. 그래서 태조 왕건은 호족들에게 마음을 얻기 위해 본인의 성인 왕씨 성을 주기도 했던 거야.

결혼도 상속도 남녀 차별 없이!

자, 그럼 고려 시대 가족의 모습을 한번 볼까? 고려 시대는 앞으로 배울 조선 시대보다 여성의 지위가 높았다는 게 특징이야. 재산도 아들, 딸 구별 없이 똑같이 나누어 줬단다. '손변의 재판 이야기'가 그 증거지.

고려 시대에 손변이라는 사람이 지방의 원님으로 있을 때의 일이야. 어느 날 남매가 관아에 찾아오더니 유산 문제를 해결해 달라고 청했어. 남동생은 부모님이 남긴 유산 중 자기 몫이라고는 옷 한 벌, 갓 하나, 미투리 한 켤레, 종이 한 권뿐이라면서 억울해했지. 남동생은 딸과 아들이 다 같은 자식인데 누님 혼자만 재산을 차지하는 것은 불공평하다고 하소연했단다. 그러나 누나는 아버지가 세상을 떠날 때 자신에게 재산을 전부 물려주었다고 주장하며 양보하지 않았어.

　고려 시대에 관한 역사책인 『고려사』에 나오는 이야기인데, 결국 손변은 "부모가 아들과 딸을 차별했을 리 있겠느냐."며 남매를 타일러 사건을 잘 마무리했대. 결혼한 딸은 남의 집안 사람이라며 집안의 재산을 공평하게 나누지 않았던 조선 시대 후기에는 있을 수 없는 이야기지. 고려 시대 여성의 권리가 조선 시대보다 나았다는 것은 재산 상속에서뿐만 아니라 결혼 제도에서도 드러난단다. 이당시 결혼은 남자보다 오히려 여자에게 더 유리했다고 볼 수도 있거든.

　혹시 '장가간다' '시집간다'는 말을 들어 봤니? 둘 다 결혼한다는 뜻이지. 하지만 의미는 정반대야. '장가간다'는 것은 남편이 장인(아내)의 집으로 들어가는 것이고, '시집간다'는 것은 아내가 시

부모(남편)의 집으로 들어가는 것을 뜻하니까. 그런데 고려 시대 사람들은 대부분 '장가'를 갔고, 조선 시대에 들어오면서 '시집'을 가기 시작한 거란다. 고려 시대에는 결혼하면 남편이 처가에 들어가 살았어. 보통은 거기서 아이도 낳고 한동안 살았지. 그런데 이런 전통이 조선 전기까지 이어지다가 조선 중기부터 변하기 시작해.

고려 시대에는 결혼할 때 여성이 권리를 보장받았을 뿐만 아니라 남편을 잃은 여성이라도 자기 재산을 가지고 재혼도 자유롭게 할 수 있었어. 재혼은 결코 부끄러운 일이 아니었지. 심지어 국왕과 재혼하는 경우도 있었으니까. 실제로 고려 충렬왕의 세 번째 부인 숙창원비는 충렬왕과 결혼하기 전에 다른 사람과 결혼한 적이 있고, 충선왕의 아내 중 한 명이었던 순비 허씨도 충선왕과 결혼할 당시 이미 일곱 명의 자녀가 있었어. 이건 정말 조선 시대에서는 상상도 할

수 없는 일이야. 조선 시대 여성은 남편이 죽었다고 하더라도 재혼을 할 수 없었거든. 남성은 원하기만 하면 재혼할 수 있었지만 말이야. 조선 시대에는 아내가 남편에게 빈털터리로 쫓겨나기도 했고, 그런 딸을 친정에서도 부끄럽다고 받아 주지 않는 경우도 있었어.

그렇다고 고려 시대가 오늘날과 같이 남녀평등을 추구한 시대라고 생각하면 곤란해. 어디까지나 조선 시대에 비해서 여성의 지위가 높았다는 이야기니까. 고려도 여전히 남성 중심의 사회였단다. 과거 시험을 통해 관직에 오를 수 있는 건 남성뿐이었다는 사실만 봐도 알 수 있지.

고려 시대에 대한 다음 설명 중 틀린 것은?

① 아들과 딸은 공평하게 재산을 상속받았다.
② 남자뿐 아니라 여자가 원하는 경우에도 이혼을 할 수 있었다.
③ 여성의 재혼 상대자가 국왕인 경우도 있었다.
④ 요즘과 마찬가지로 남녀가 평등한 사회였다.

정답 | ④번. 고려 시대는 요즘과 비교할 수 없을 정도로 남성 위주의 사회였어.

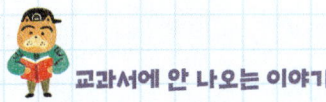 교과서에 안 나오는 이야기

역사 미스터리! 고려에는 정말 고려장이 있었을까?

나이 든 부모를 산에 버리는 풍습을 고려장이라고 하는데, 고려에서부터 비롯되어 이런 이름이 붙었다고 해. 고려장에 대한 진실을 파헤쳐 보자.

예로부터 전해 오는 이야기 중에 이런 것이 있어.

옛날 고려 시대에 어느 아들이 늙은 아버지를 지게에 지고 산으로 갔다. 아들이 아버지를 산속에 지게와 함께 버리고 내려오려는데, 따라갔던 어린 자식이 그 지게를 주워 오는 것이 아닌가. 아들이 어린 자식에게 왜 지게를 챙겼느냐고 묻자, "나중에 내가 아버지를 버릴 때 쓰게요." 했단다. 그 말을 들은 아들은 크게 뉘우치고 아버지를 다시 지게에 싣고 산을 내려왔다.

정말 고려에 고려장이라는 풍습이 있었을까? 해답의 실마리는 국립중앙박물관 고려실에 있는 유물에서 찾을 수 있어. 고려실 중앙에는 사람이 들어가기에는 턱없이 작은 석관(돌로 만든 관)이 있거든. 여기에는 사람의 시체가 아니라 화장하고 남은 뼈를 넣었어. 고려는 통일 신라와 마찬가지로 불교의 영향을 받아 많은 사람들이 장례를 치를 때 시신을 화장했어. 왕이나 고위 관리도 화장을 많이 했지. 그러니까 고려 시대에 진짜 고려장이 있었는지에 대해서는 의심스러울 수밖에 없어. 게다가 효를 중요하게 생각했던 고려 시대에 부모를 버리는 일은 할 수 없었을 거야. 고려 시대에는 불효죄를 엄하게 처벌했거든.

그렇다면 왜 고려장에 대한 이야기가 생겨난 것일까? 어떤 사람들은 『잡보장경』이라는 불경에 나오는 기로국 이야기 때문이라고 생각해. 기로국이란 '노인을 버리는 나라'라는 뜻이거든. 이 나라 장례 풍습이 바로 늙은 부모를 버리는 것이었고. 그런데 기로국이 고려국으로 잘못 알려졌다는 거야. 그 탓에 고려장이라는 말이 생겨난 것이고.

고려 시대의 석관

6교시
국왕에서 백성까지, 부처님 없이는 못 살아!

파주 용미리, 합천 해인사

파주 용미리 마애이불입상

> 귀족, 중류층, 양인, 천민. 신분은 제각각이지만, 대부분의 고려 사람들이 믿는 종교는 하나였어. 바로 불교! 유교는 어디까지나 정치 이념일 뿐 종교로 믿은 건 아니었어. 고려 사람들은 태어나서부터 죽을 때까지 불교 문화 속에서 생활했고, 나라가 어려움에 빠질 때마다 부처님의 힘으로 위기를 벗어나려고 했단다.

벌써 고려 시대 수업도 중간쯤 지났구나. 오늘 먼저 가 볼 곳은 경기도 파주 용미리야. 여기에는 마애이불입상(용미리 석불)이 있지. '마애'란 바위 벽에 새긴 것을 말하고, '이불'은 두 개의 불상, '입상'이란 서 있는 모습을 가리켜. 그러니까 마애이불입상은 '바위에 새긴 두 개의 서 있는 불상'을 말하는 거야.

거대한 천연 바위에 부처님 몸통을 새기고, 그 위에 미리 부분을 조각한 돌을 얹어 놓았어. 부처님 발끝에서 머리까지의 길이는 17.4미터. 정말 어마어마한 크기로군. 지난번에 본 관촉사 은진 미륵이 약 18미터니까 그것보다 조금 작아. 그래도 거대한 바위에 새겨서 그런지 더 크게 보이는걸. 이 불상들을 보면 불교를 믿는 고려 사람들의 마음이 정말 대단하다는 것을 알 수 있지.

고려 시대 절은 은행? 상점? 호텔?

그렇다면 불교가 고려 사람들에게 미친 영향은 어느 정도였을까?

> 고려는 불교의 나라였다. 불교는 종교뿐만 아니라 생활 그 자체였고, 고려 문화 전반에 큰 영향을 미쳤다. 불교는 예술, 건축, 음식, 경제 등 일상생활에도 영향을 미쳤고, 전국 곳곳에 절이 세워졌다. 차를 즐겨 마시는 승려들의 영향으로 일반 백성들도 차를 마시는 습관을 가지게 되었다.

불교가 사람들의 생활 습관까지 바꾸어 놓았구나. 고려 시대의 불교 예술은 신라만큼이나 대단했어. 고려 사람들도 신라 사람들처럼 뛰어난 불교 예술품을 많이 남겼는데, 탑과 불상뿐 아니라 불화(불교 그림)도 매우 뛰어났지. 지난 시간에 본 그림 중에서 고려 농민의 생활에 대해 설명하면서 봤던 「미륵하생경 변상도」도 원래는 미륵보살이 중생을 구제해 준다는 내용의 불화 중 일부분이야.

당연히 고려 시대에는 전국 곳곳에 절이 많았는데, 수도 개경에는 사람들이 사는 집보다 절이 더 많았다는 이야기가 있을 정도지. 고려 시대에 지어진 목조 건축물 중 지금까지 남아 있는 몇 안 되는 것 중 하나가 경상북도 영주 부석사에 있는 무량수전이야. 무량수전은 기둥의 가운데가 불룩한 배흘림 기둥으로 유명하단다.

고려 시대의 석조 건축물로는 여러 뛰어난 것들이 많지만, 그중에서도 현재 경복궁에 있는 법천사지 지광국사탑이 아주 훌륭해. 훌륭한 스님이 돌아가신 뒤 화장을 하면 구슬 같은 것이 나오는데,

이걸 '사리'라고 불러. 이 사리를 모신 탑을 부도라고 부르지. 법천사지 지광국사탑은 지광 국사라는 스님의 사리를 모신 부도야. 탑에 새긴 아름다운 조각과 단아한 모양 덕분에 고려를 대표하는 건축물로 꼽힌단다.

그런데 고려 시대의 절은 오늘날의 은행, 상점, 호텔 등의 역할까지 겸했단다. 그게 무슨 소리냐고? 잘 들어 봐.

경상남도 양산의 통도사라는 절 근처에는 고려 시대에 세워진 커다란 돌기둥이 하나 있어. 이름은 '국장생 석표'. 절이 가진 땅을 표시하기 위하여 세운 거야. 원래 부처님은 아무것도 갖지 말라는 '무소유'를 가르치지 않으셨나? 그런데 고려의 불교는 그렇지 않았어.

법천사지 지광국사탑

고려 시대 사람들도 이렇게 뛰어난 불교 예술품을 많이 남겼어.

📖 절은 왕실과 귀족들로부터 받은 땅과 활발한 경제 활동으로 넓은 땅을 소유하였다. 절은 가진 땅을 표시하기 위하여 경계에 장생표를 세워 그 안의 땅이 절의 것임을 알렸다.

통도사 국장생 석표

(말풍선) 이 주변 땅은 몽땅 통도사 것!

고려 시대 초기부터 왕과 귀족, 지방 세력의 후원을 받은 절은 땅과 노비를 많이 가지고 있었단다. 절에서는 이런 땅을 농민들에게 빌려주고 그 대가로 돈이나 곡식을 받았지. 흉년이 들어서 농민들이 먹을 것이 부족하면 절에서 곡식을 꾸어 주기도 했어. 물론 부처님의 자비를 본받아 공짜로 주는 경우도 있었지만, 대부분은 이자를 꼬박꼬박 받았지. 그러니 고려 시대의 절은 은행 역할까지 했다고 볼 수 있겠지?

또 이런 절은 규모가 커서 필요한 물건도 많았어. 절에서는 필요한 물건들을 사들이기도 했지만, 직접 만들기도 했단다. 절에서 만든 종이나 기와 같은 물건은 내다 팔기도 했어. 소금을 만들거나, 심지어 술을 만들어서 파는 절도 있었지. 우리의 절과 비슷한 유럽의 수도원에서도 포도주를 만들어 팔았다고 하니, 그럴 수도 있겠다는 생각이 들기도 해.

절에서는 '원'이라고 불리는 여관도 운영했어. 교통이 좋은 곳에 자리 잡았던 절에서 스님들뿐 아니라 일반인들이 쉬어 갈 수 있도록 숙박 시설을 운영한 거란다. 물론 숙박비는 내야 했지. 고려 시대에는 전국 각지에 절 없는 곳이 없었으니, 요즘으로 치면 '전국 호텔 체인'이라고 볼 수도 있겠구나. 그중에서도 파주에 있던 혜음원은 개경과 남경(지금의 서울) 사이를 오가는 사람들을 위해 나라에서 지은 국립 숙박 시설이었어. 왕이 행차하면서 머물던 행궁도 같이 있었다고 해. 아쉽게도 지금은 터만 남아 있지.

이처럼 고려 시대의 절은 종교 시설일 뿐 아니라 은행이자 상점, 호텔까지 겸했어. 정말 다양한 역할을 했네, 그렇지? 그만큼 불교는 사람들의 일상생활에 큰 영향을 미친 거라고 볼 수 있어.

고려의 대표 스님, 대각 국사 의천과 보조 국사 지눌

불교가 번성했던 고려 시대에는 훌륭한 스님들도 많았어. 그중 의천(1055~1101)은 고려 전기를 대표하는 승려야. 고려의 11대 왕인 문종의 넷째 아들로 태어나 열한 살의 어린 나이에 출가했어. 중국 송나라로 유학을 다녀온 뒤 우리나라에 처음으로 천태종을 열었어. 고려 중기의 승려인 지눌(1158~1210)은 오늘날 우리나라 불교의 주류인 조계종의 창시자로 알려져 있어. 당시 세속적인 돈벌이에 급급한 사찰을 비판하고 개인의 수행을 강조해 고려 불교를 새롭게 했지.

고려 불화 걸작선

불화란 이름 그대로 불교의 그림을 말해. 주로 부처나 보살을 그렸지. 고려 시대의 불화는 고려청자와 함께 고려를 대표하는 예술 작품이란다. 화려한 색과 우아한 형태가 높은 예술 수준을 보여 주고 있어. 고려 불화 중에서도 걸작으로 손꼽히는 작품들을 구경해 볼까?

아미타 삼존도 아미타불을 중심으로 관음보살과 지장보살이 그려져 있는 불화이다. 앉아 있지 않고 서 있는 모습이나 허리를 굽힌 모습이 독특하다.

미륵하생경 변상도 미륵보살이 부처가 되어 중생들을 구제한다는 경전 『미륵하생경』의 내용을 그린 그림이다.

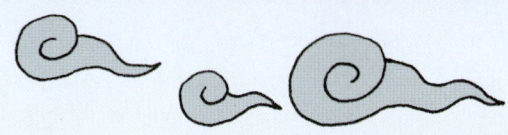

그림들이 엄청 화려하고 정교하구나~

수월관음보살도 관음보살이 연꽃을 발밑에 두고 물가의 바위에 앉아 있는 모습이다. 고려 시대 관음보살도의 대부분이 이런 형태의 수월관음도에 속한다.

지장도 지옥의 고통에 빠져 있는 중생들을 극락으로 인도해 주는 보살인 지장보살을 그린 것이다. 지장보살의 좌우에는 지옥을 지키는 신과 심판관들이 있다.

믿음은 하나, 이유는 제각각

왕부터 백성까지 모든 사람들이 불교를 믿었지만, 불교를 믿은 이유는 신분이나 지위에 따라 조금씩 달랐어. 우선 왕은 백성들의 마음을 하나로 모으기 위해서 불교를 장려했지. 이건 삼국 시대 때 나라마다 적극적으로 불교를 받아들인 것과 같은 이유야. 그래야 나라를 다스리기 쉬우니까. 오죽했으면 태조 왕건이 남긴 '훈요 10조'의 첫 번째 항목이 '불교를 장려하라.'였겠어?

향리를 비롯한 지방 세력들도 국왕과 비슷한 이유로 불교에 열심이었어. 지역 백성들이 불교를 통해 하나가 되면 자기들이 지역을 다스리기 더 편했거든. 거기다 향리들이 먼저 나서서 불교를 믿으면 백성들도 향리들을 존경하고 따를 테니까. 지난 시간에 말했듯이 향리들이 주민들과 함께 정도사 오층석탑을 세운 것도 이런 이유 때문이야. 앞에서 본 용미리 마애이불입상처럼 지방마다 앞다퉈 큰 불상을 세운 것도 마찬가지고. 그렇다면 백성들은?

현실이 힘들었던 대다수 백성들은 불교에서 위로를 얻었어. 현실이 아무리 힘들어도 살아서 부처님을 잘 믿으면 죽어서 극락에 갈 수 있다고 생각했으니까. 그런데 백성들이 믿은 것은 불교만이 아니었어. 불교가 들어오기 이전부터 우리 조상들에게는 해와 달, 큰 바위, 나무 등을 신처럼 믿는 '자연 신앙'이 있었고, 무당을 믿고 따르는 '무속 신앙'도 있었지. 때로는 불교가 이러한 고유 신앙을 받아들이기도 했단다. 지금까지도 절에 남아 있는 칠성당이나 산신각을 보면 알 수 있어. 북두칠성을 신처럼 만든 칠성이나, 산을 지

키는 산신을 믿는 것은 불교가 아니라 우리 고유의 신앙이거든.

고유 신앙뿐 아니라 삼국 시대부터 이어져 온 도교도 여전히 유행했어. 지난 시간에 고려장 이야기를 하면서 고려 시대 사람의 뼈를 담았던 석관을 본 것, 기억나니? 그 석관 사방에는 사신도가 새겨져 있어. 동쪽의 청룡과 서쪽의 백호, 남쪽의 주작과 북쪽의 현무. 모두 도교에서 전해져 오는 전설의 동물들이야. 도교는 신선처럼 늙지 않고 오래 사는 불로장생을 추구했는데, 특히 귀족들이 좋아했지. 왜냐고? 지금 떵떵거리며 잘 먹고 잘 살고 있으니, 이대로 영원히 산다면 더 이상 바랄 것이 없었을 테니까. 굶주림에 시달리던 농민들이 죽어서 극락에 가기를 바란 것과 많이 비교되네. 아무튼 이렇게 보니 고려는 불교만 믿었던 나라가 아니었군. 불교를 중심으로 고유 신앙과 도교까지 어우러진 다양한 종교를 가진 나라였어. 이런 모습이 가장 잘 드러난 행사가 바로 고려 최고의 축제, 팔관회란다.

팔관회와 연등회의 공통점과 차이점
팔관회는 어떤 축제였을까?

매년 가을 추수가 끝난 후에 열렸던 팔관회는 원래 부처를 믿는 사람들이 여덟 가지 규칙을 실천하는 의식이었다. 하지만 고려 팔관회는 불교 의식뿐 아니라 해신, 하늘신, 산신에게 제사를 지내는 등 다양한 종교와 사상이 한데 어우러진 행사였다. 개경 시내에서는 팔관회를 알리는 큰 행렬이 지나고 전국 각지에서 몰려온 사람들이 음악과 무용, 놀이를 즐기며 하나로 단결했다. 팔관회에는 송나라 상인, 여진족 추장, 탐라의 사절, 아라비아 상인 들이 참석하여 나라 사이의 교류가 이루어지기도 했다.

그 당시에 해외 사절단까지 참석했다니, 팔관회는 정말 고려 최고의 축제로 손색이 없군.

인도에서 전해진 팔관회는 원래 불교 행사였어. 팔관(팔계)이란, '죽이지 말 것' '도둑질하지 말 것' '거짓말하지 말 것' 같은 불교의 여덟 가지 계율이거든. 불교가 국교였던 신라에도 팔관회가 있었어. 그러다 고려 시대에 들어와 불교뿐 아니라 고유 신앙과 도교까지 어우러진 '다종교 축제'가 된 거야. 규모도 이전과는 비교할 수

없게 커졌고. 성종 때는 팔관회를 치르느라 나라 살림이 축난다고 한동안 중단했을 정도였어. 하지만 팔관회는 곧 부활하여 온 나라가 들썩거릴 정도로 성대하게 치러졌단다. 팔관회는 불교 행사이자 나라와 왕실의 복을 비는 행사이기도 했어.

팔관회와 함께 고려를 대표하는 또 다른 축제로는 연등회가 있어. 태조 왕건도 '훈요 10조'에서 특별히 연등회와 팔관회를 잘 치를 것을 당부할 정도였지. 연등회, 어디서 많이 들어 본 이름이라고? 아, 요즘에도 '부처님 오신 날'이면 사람들이 연꽃 모양 등을 들고 거리를 다니는데 그 행사의 이름이 연등 축제지. 그런데 고려의 연등회는 부처님 오신 날뿐 아니라 정월 대보름에도 열렸어. 불교가 탄생한 인도에서도 연등회는 원래 새해맞이 행사였거든. 처음에는 경건하게 치르는 종교 행사였는데, 점점 팔관회처럼 흥겹게 노는 잔치가 되었단다.

하지만 연등회는 팔관회랑 다른 점도 많았어. 우선 연등회는 팔관회와 달리 순수한 불교 행사였어. 그리고 팔관회가 개경(개성)이랑 서경(평양)에서만 열린 데 반해 연등회는 전국적으로 열렸어. 사람들은 전국의 마을마다 연등을 밝히고 밤새도록 놀았어.

고려 왕실에서는 연등회와 팔관회 비용을 마련하기 위해 세금을 따로 거둬서 백성들의 원망을 사기도 했단다. 그렇다고 연등회와 팔관회를 단순히 먹고 즐기기 위해 낭비를 일삼았던 행사로만 생각하면 안 돼. 고려 사람들은 연등회와 팔관회를 함께 즐기면서 모두가 하나라는 공동체 의식을 키운 거야.

연등회와 팔관회에 대한 다음 설명 중 맞는 것은?

① 왕건은 훈요 10조에서 연등회와 팔관회를 성대하게 치를 것을 당부했다.
② 연등회와 팔관회는 모두 개경에서만 치러졌다.
③ 팔관회에 이웃 나라 사절들은 참석하지 않았다.
④ 연등회와 팔관회에는 불교뿐 아니라 도교와 고유 신앙까지 어우러졌다.

정답 | ①번. 연등회는 전국적인 행사였고, 팔관회에는 외국 사신들도 참석했어. ④번의 설명은 팔관회에만 해당하지.

부처님, 나라를 지켜 주세요!

고려 사람들은 몽골과 전쟁을 하는 동안 불교의 힘으로 어려움을 이겨 내고자 16년간 팔만대장경을 다시 만들었다. 팔만대장경은 많은 사람이 함께 새긴 목판이지만 글자 모양이 고르고 틀린 글자도 찾기 힘들다. 또한 목판의 모양이 뒤틀리거나 좀먹지 않고 잘 보존되어 있어 고려의 우수한 과학 기술을 잘 보여 준다.

고려 사람들은 일상생활뿐 아니라 나라가 위기에 빠졌을 때에도 부처님에게 도움을 구했어. 어떻게? 부처님의 말씀을 담은 대장경을 목판(나무판)에 새기면서 말이야. 대장경이란 불경(불교의 경전)을 모두 모은 것을 말해. 주로 인도에서 만들어진 불경이 중국을 통해

해인사 대장경판

이런 목판이 무려 8만 개! 더구나 틀린 글자도 거의 없대~

수입되었는데, 수천 종에 이르렀어. 이걸 하나하나 목판에 새긴 뒤 종이에 찍어 내어 책으로 엮으면 대장경이 되는 거란다. 대장경을 새긴 목판을 '대장경판'이라 하고, 대장경판을 보관하는 곳을 '장경판전'이라고 해.

수십 년에 걸쳐 거란과 몽골의 침략에 시달린 고려는 여러 차례 대장경을 만들었어. 그중에서도 가장 유명한 것이 몽골의 침략을 막기 위해 만든 '팔만대장경'이야. 대장경판이 8만 장이 넘는다고 해서 붙은 이름이지. 말이 쉬워서 팔만대장경이지, 복잡한 한자 수백 자를 새긴 목판을 8만 개 이상 만든다는 것은 상상을 초월하는 대작업이었어. 팔만대장경을 만드는 데는 꼬박 16년이 걸렸고, 여기에는 승려들뿐 아니라 수많은 백성들이 참여했지. 더욱 놀라운 것은 지금도 팔만대장경이 거의 원형 그대로 남아 있다는 사실! 보통 목판은 시간이 지나면서 뒤틀리거나 벌레가 먹기 쉬운데, 팔만대장경은 그런 훼손 없이 해인사 장경판전에 남아 있단다.

팔만대장경을 새길 목판은 어떻게 만들었을까? 목판으로 쓸 좋은 나무를 바닷물 속에 몇 년간 담가 두었다가 소금물에 쪄서 그늘에 말린 뒤에 대패로 다듬고 옻칠을 했어. 그리고 나서 구리판으로 목판 네 귀퉁이를 감싸서 변형을 막았대. 이런 대장경판을 수백 년 동안 곰팡이가 피거나 벌레 먹지 않도록 보관한 장경판전도 대단한 건물이라 할 수 있지. 그래서일까? 유네스코는 팔만대장경을 세계 기록 유산으로, 장경판전을 세계 문화유산으로 지정했어.

그런데 좀 이상한 생각이 들지 않아? 아무리 부처님의 힘으로 외적을 물리친다고 해도, 당장에 외국 군대가 쳐들어와서 전쟁을 하고 있는데 대장경을 만들고 있다니 말이야. 하지만 전쟁이란 총칼을 들고 싸우는 것만이 다가 아니야. 심리전이라고 들어 봤어? 우리 편의 사기를 높이고 상대방의 기세를 꺾기 위해서 벌이는 활동을 말하는데, 이것도 전쟁에서 아주 중요해. 고려 사람들이 대장경을 만든 것은 일종의 심리전이라고 볼 수 있는 거야.

고려 사람들은 이렇게 심리전을 벌이는 동시에 칼과 창을 들고 열심히 싸웠지. 군인들뿐 아니라 승려들 또한 나라가 위기에 빠지면 무기를 들고 나가 싸웠단다. 이선 참 대단한 일이시. 뒤집어 말하면 살생을 금하는 승려들까지 나가서 싸워야 할 만큼 나라가 위급했다는 이야기이기도 해. 고려는 이렇게 나라가 망할지도 모르는 위기를 여러 번 겪었거든. 주로 북쪽에 있던 민족들이 고려를 침략했지. 그중 가장 먼저 고려를 위험에 빠뜨린 것은 거란이었어. 여기에 대해서는 다음 시간에 자세히 알아보기로 하자.

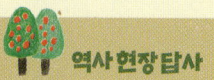 역사 현장 탐사

유네스코 세계 유산 2관왕! 합천 해인사

해인사

　팔만대장경과 장경판전. 유네스코 세계 유산을 둘씩이나 보유한 해인사의 별명은 '법보종찰'이야. 불법, 그러니까 불경을 간직한 대표적인 사찰(절)이란 뜻이지. 팔만대장경이 이곳에 보관되기 시작하면서 붙은 이름이라고 해. 불(佛, 부처)과 법(法, 경)과 승(僧, 승려)은 불교를 상징하는 세 가지 보물이야. 부처님 몸에서 나온 진신 사리가 있는 통도사가 '불'보종찰, 팔만대장경이 있는 해인사가 '법'보종찰, 큰스님을 많이 배출한 송광사가 '승'보종찰이지. 이 세 곳이 우리나라를 대표하는 3대 사찰이라고 볼 수 있어.

　그중에서도 해인사는 대장경판과 장경판전 이외에도 국보와 보물이 즐비할 뿐 아니라 풍경 또한 빼어나. 해마다 가을이면 해인사와 그 주변의 아름다운 단풍을 보기 위해 사람들이 몰려들곤 한단다. 또한 통일 신라 때 세워져 천 년을 훌쩍 넘긴 역사만큼이나 많은 이야기들이 절에 깃들어 있어. 천연기

장경판전

념물로 지정된 전나무는 신라 말에 이곳을 찾은 최치원이 꽂아 놓은 지팡이가 자란 것이라는 전설이 전해 내려오기도 해. 실제로 최치원은 후삼국 시대의 혼란한 현실을 떠나 해인사에 숨어서 지냈대.

또 6·25 전쟁 때의 이야기도 있지. 전쟁이 한창이던 1951년 8월 어느 날, 공군 편대장 김영환 대령에게 해인사가 있는 가야산을 폭격하라는 명령이 내려왔어. 그곳에 적군이 숨어 있다는 정보가 있었기 때문이었지. 하지만 김 대령은 단 한 발의 폭탄도 떨어뜨리지 않았어. 만약 가야산을 폭격한다면 해인사 또한 무사하지 못할 것이고, 그러면 해인사에 있는 팔만대장경 또한 사라질 것이 뻔했거든. 결국 그는 명령 불복종으로 군사 재판까지 받아야 했지만, '적군 몇 명을 죽이는 것보다 팔만대장경이 훨씬 중요하다.'라는 소신을 굽히지 않았지. 해인사 안에는 김영환 대령의 뜻을 기리는 공덕비가 세워져 있단다.

해마다 가을에 대장경 세계 문화 축전이 열리는데, 이 기간에 맞춰서 해인사를 방문하면 더욱 볼거리가 풍성하단다.

:: 알아 두기 ::
가는 길 대구시외버스터미널에서 해인사행 버스를 타고 1시간 40분 정도 가면 해인사 도착.
관람 소요 시간 1시간.
휴관일 연중무휴.
추천 코스 불교 관련 유물들을 보고, 절의 대문인 일주문을 통과해서 해인사의 중심 건물인 대적광전을 둘러본 후, 팔만대장경이 보관되어 있는 장경판전을 둘러보자.

7교시

거란은 왜 고려를 세 번이나 침략했을까?

서울 낙성대

강감찬 장군 동상

고려는 외적을 부처님의 힘으로 물리치기 위해 대장경을 만들었어. 고려가 처음으로 대장경을 만든 것은 거란의 침략 때문이었지. 이때 거란은 20여 년에 걸쳐 세 번이나 고려를 침략했단다. 이건 당시 고려를 둘러싼 이웃 나라들의 상황과 관련이 깊어. 지금부터 그 이유를 차근차근 알아보자.

오늘은 서울의 낙성대에 왔어. 낙성대를 대학교 이름으로 알고 있는 사람들도 있는데, 지금부터는 헷갈리지 말자! 떨어질 낙(落), 별 성(星), 집터 대(垈) 자를 써서 '큰 별이 떨어진 집'이라는 뜻이야. 이곳에서 나라를 구한 강감찬 장군이 태어났으니 딱 어울리는 이름인걸. 그런데 강감찬 장군이 누구냐고?

'한국사 3대 대첩'이라는 말을 들어 본 적이 있니? 대첩이란 전쟁에서 크게 승리한 일을 말해. 한국사 3대 대첩이란 우리가 외적을 맞아 이룩한 승리 가운데서도 세 손가락 안에 꼽을 수 있는 대승을 말하는 거야. 첫 번째로는 고구려 을지문덕의 '살수 대첩'이 꼽혀. 1권에서 살펴보았듯 수나라 30만 대군 중 겨우 몇천 명만 살아 돌아갔던 대단한 승리였지. 두 번째로는 조선 시대 이순신 장군의

'한산 대첩'이 있어. 임진왜란 때 한산도에서 왜적을 크게 무찌른 해전이야. 그렇다면 나머지 하나는? 바로 고려 시대 강감찬 장군이 거란군의 침략을 격퇴한 '귀주 대첩'이야.

낙성대 정문 앞 광장에 들어서면 강감찬 장군의 동상이 보여. 긴 칼을 들고 말을 탄 모습이 금방이라도 외적을 물리치기 위해 달려 나갈 듯하군. 그런데 그거 아니? 강감찬 장군은 키가 아주 작았대. 지금으로 치면 150센티미터가 갓 넘었다는구나. 하지만 강감찬은 뛰어난 장군이 되어 거란을 물리치고 고려를 구했어. 정말 대단한 일이지? 강감찬 장군의 승리만큼 중요한 것이 하나 있어. 바로 거란이 고려를 침략한 이유. 이걸 제대로 알아야 앞으로 비슷한 일이 생겼을 때 전쟁을 피할 수 있는 거니까.

거란과 여진, 누가 누구야?

거란이 고려를 침략한 이유를 알기 위해서는 당시 고려를 둘러싼 국제 관계를 알아야 해. 오른쪽의 지도를 같이 보자.

우선 고려의 서쪽에는 송나라가 자리 잡고 있구나. 송나라는 960년, 그러니까 고려 광종이 나라의 기틀을 잡아 갈 무렵에 혼란스럽던 중국을 통일한 국가야. 전에 발해의 멸망을 이야기할 때 당나라가 멸망하면서 중국이 혼란기에 접어들었다고 했던 것, 기억나니? 그래서 거란이 세운 요나라가 중국을 침략하기 위해 발해를 먼저 공격했다고 말했잖아. 당나라가 망한 이후 혼란기를 극복하고 중국을 다시 통일한 것이 바로 송나라였어. 고려는 송나라와 친하게 지내고 거란과 맞섰어. 고려와 발해는 모두 고구려를 이어받은 나라니까 고려가 발해를 멸망시킨 거란과 앙숙이 된 것은 당연한 일이었지. 또한 중국을 호시탐탐 노리는 거란이 송나라와 사이가 좋을 리 없었겠지? 적의 적은 친구, 그러니 고려와 송나라가 친할 수밖에. 고려

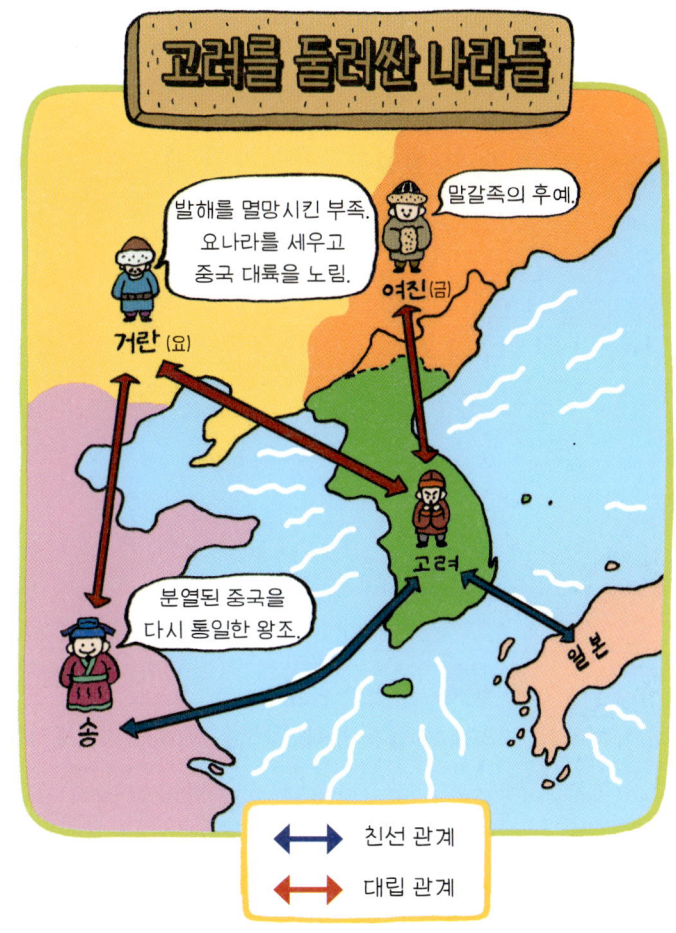

로서는 송나라를 통해 중국의 앞선 문물을 받아들일 수 있었으니 일석이조였지. 고려의 자랑인 대장경도 인도에서 만들어진 불경을 송나라를 통해 들여와 집대성한 것이었어.

　거란 동쪽에 있는 여진은 누구냐고? 여진은 고구려 유민과 함께 발해를 세운 말갈족의 후예로, 여러 부족으로 나뉘어 있었어. 중국 북쪽에는 여러 민족들이 있었는데, 그중에서도 거란과 여진은 우리 역사와 밀접한 관련이 있어. 거란은 여진과도 사이가 좋지 않았어. 거란이 요나라를 세우고 강력한 세력으로 성장하면서 여진을

괴롭혔거든. 그렇다면 이번에도 적의 적은 친구니까 고려와 여진이 친했을까? 아쉽지만 땡! 여진은 힘이 없을 때는 고려를 부모의 나라로 섬겼지만, 나중에 금나라를 세우면서 힘이 세어지자 고려에게 신하의 예를 갖추라고 요구했거든.

자, 이 정도면 고려와 송나라, 거란, 여진의 관계가 대충 정리됐지?

거란의 1차 침입: 서희의 담판, 기 싸움부터 이겼다!

압록강 북쪽의 지역에서 유목 생활로 이동을 하며 살던 거란은 고려에 사신을 보내 친선을 꾀하였다. 하지만 태조 왕건은 발해를 멸망시킨 거란을 비난하면서 거란 사신을 귀양 보내고 예물로 가져온 낙타를 개경의 다리(만부교) 아래 매어 두어 굶어 죽게 하였다(942년). 이를 계기로 거란은 고려를 침략하였다.

송나라가 세워지고 30년쯤 지났을 때, 거란은 본격적으로 송나라를 공격하려고 결심해. 그런데 문제는 고려였어. 거란이 송나라를 공격한 사이에 고려가 쳐들어오면 곤란하잖아? 그래서 거란은 발해에 그랬듯이 고려를 먼저 침략했어. 50여 년 전에 일어난 만부교 사건을 핑계로 말이야. 이것이 993년 거란의 1차 침입이야.

그러면 이제 고려도 발해처럼 무너지는 걸까? 다행히 당시 고려는 발해와는 상황이 달랐어. 발해가 거란의 공격을 받을 때 권력 다

서희의 담판 기록화

틈으로 나라가 분열되어 있었던 것, 기억나지? 거란의 공격을 처음 받을 당시의 고려 국왕은 성종이었어. 최승로의 건의를 받아들여 나라의 기틀을 완성했던 훌륭한 임금. 게다가 고려에는 서희라는 뛰어난 신하가 있었어.

거란은 '고려 북쪽의 영토는 원래 거란의 것'이라고 하며 고려를 침략했는데, 서희는 그 말이 핑계일 뿐이라는 사실을 간파했어. 거란의 진짜 속셈은 고려와 송나라의 관계를 끊어 놓으려는 데 있다는 것을 정확히 알고 있었지. 거란의 80만 대군이 침략한다는 소식을 접한 다른 신하들은 북쪽 땅을 떼어 주고 항복하자고 했지만 거란의 침략 의도를 알아챈 서희는 반대했어. 그리고 성종의 허락을 받아 거란 장수 소손녕과 담판을 짓기 위해 적진으로 향했지. 싸우지 않고도 거란을 물리칠 수 있다는 확신을 가지고 말이야. 정말 대단하지 않니? 자신의 목숨을 걸고 나라를 구하기 위해 혼자서 적진으로 뛰어들었으니. 이걸 역사에서는 '서희의 담판'이라고 불러. 자, 그럼 지금부터 고려의 서희와 거란의 소손녕 사이에 벌어지는 불꽃 튀는 외교 전쟁을 한번 살펴볼까?

서희와 소손녕의 만남은 기 싸움으로 시작되었어. 서희가 거란 진영에 도착하자 소손녕은 서희에게 '뜰에서 내게 절을 하라.'고 요구한 거야. 이건 고려를 신하의 나라로 여긴다는 뜻이어서 서희는 단호히 거절하고 숙소로 돌아와 버렸지. 그리고 한동안 꼼짝도 안 했어. 서희의 당당한 태도에 다급해진 쪽은 오히려 소손녕이었어. 아까 이야기한 대로 이때 거란은 고려와 싸우는 것보다는 고려와 송나라의 관계를 끊는 것이 목표였으니까. 결국 소손녕은 대등한 위치에서 협상하자고 해 왔어. 그러니 초반 기 싸움은 서희의 승리!

회담에 들어가자 본격적인 외교 전쟁이 시작되었어. 소손녕은 '거란은 고구려의 계승자이니, 고려 북쪽의 옛 고구려 땅을 내놓아라!' 하고 요구했지. 이게 무슨 말도 안 되는 소리냐고? 거란은 자기네가 옛 고구려 땅의 대부분을 차지하고 있다는 것을 근거로 들었어. 그러자 서희는 '우리는 나라 이름도 고구려를 잇는 뜻에서 고려이고, 수도 또한 고구려의 옛 수도인 평양이다!' 하고 반박했지. 사실 고려의 수도는 개경이야. 하지만 아

주 틀린 말은 아니야. 고려는 평양을 '서경'(서쪽 수도)이라고 하면서 개경 못지않게 중요하게 여겼거든. 이번에도 논리에서 밀린 소손녕의 패!

마지막으로 소손녕은 '고려는 송나라와 관계를 끊고 거란과 교류해야 한다!' 하고 요구했어. 결국 속마음을 드러낸 거지. 그러자 서희는 오히려 '거란과 교류하기 위해서는 현재 여진이 살고 있는 압록강 유역의 땅을 고려가 차지해야 한다!'라고 했단다. 실제로 고려에서 거란까지 가려면 여진이 사는 땅을 지나야 했거든. 나라 없이 여러 부족들로 나뉘어 살고 있던 여진을 쫓아내고 이 지역을 차지하기 위해서는 주변 강대국인 거란이 동의해야 했지. 결국 소손녕은 서희의 요구를 받아들였고, 이로써 고려는 활 한 발 쏘지 않고 거란의 침략을 물리쳤을 뿐 아니라 여진이 살던 압록강 일대까지 차지하게 되었어. 고려는 이 지역 여섯 곳(흥화진, 용주, 철주, 통주, 귀주, 곽주)에 행정 구역을 설치했는데 이것이 바로 '강동 6주'야. 압록강 동쪽의 6개 주라는 뜻이지. 거란 입장에서도 고려와 송나라의 관계를 끊었으니 아주 손해인 것은 아니었지. 이처럼 서희의 담판은 우리 역사에 길이 남을 외교 업적이란다.

거란의 2차 침입: 줄 수 없다! 강동 6주

'화장실 들어갈 때와 나올 때 마음이 다르다.'는 말이 있지? 서희의 담판으로부터 시간이 좀 흐른 뒤 거란의 마음이 딱 이랬어. 고려가 압록강 유역의 땅에 강동 6주를 설치하는 것을 보았기 때문이지. 알고 보니 이곳이 전략적으로 아주 중요한 지역인 거야. 당시 거란은 송나라와의 전쟁을 마무리 짓고 평화 조약을 맺은 다음 비단과 은 등의 물품을 송으로부터 받고 있었어. 더 이상 송나라를 신경 쓸 필요가 없어졌으니 고려의 강동 6주를 호시탐탐 노리기 시작했지.

그런데 이 무렵 고려에서 신하인 강조가 목종을 죽이고 현종을 새로운 왕으로 세운 사건이 일어났어. 목종의 어머니였던 천추태후가 자신의 다른 아들을 목종의 후계자로 삼으려 하자, 이에 반대한 강조가 정변을 일으켜 목종을 죽이고 천추태후의 세력까지 제거해 버린 거야. 이걸 본 거란이 '옳다구나.' 하고 이 일을 빌미 삼아 고려로 쳐들어왔어. 이것이 바로 1010년 거란의 2차 침입이란다.

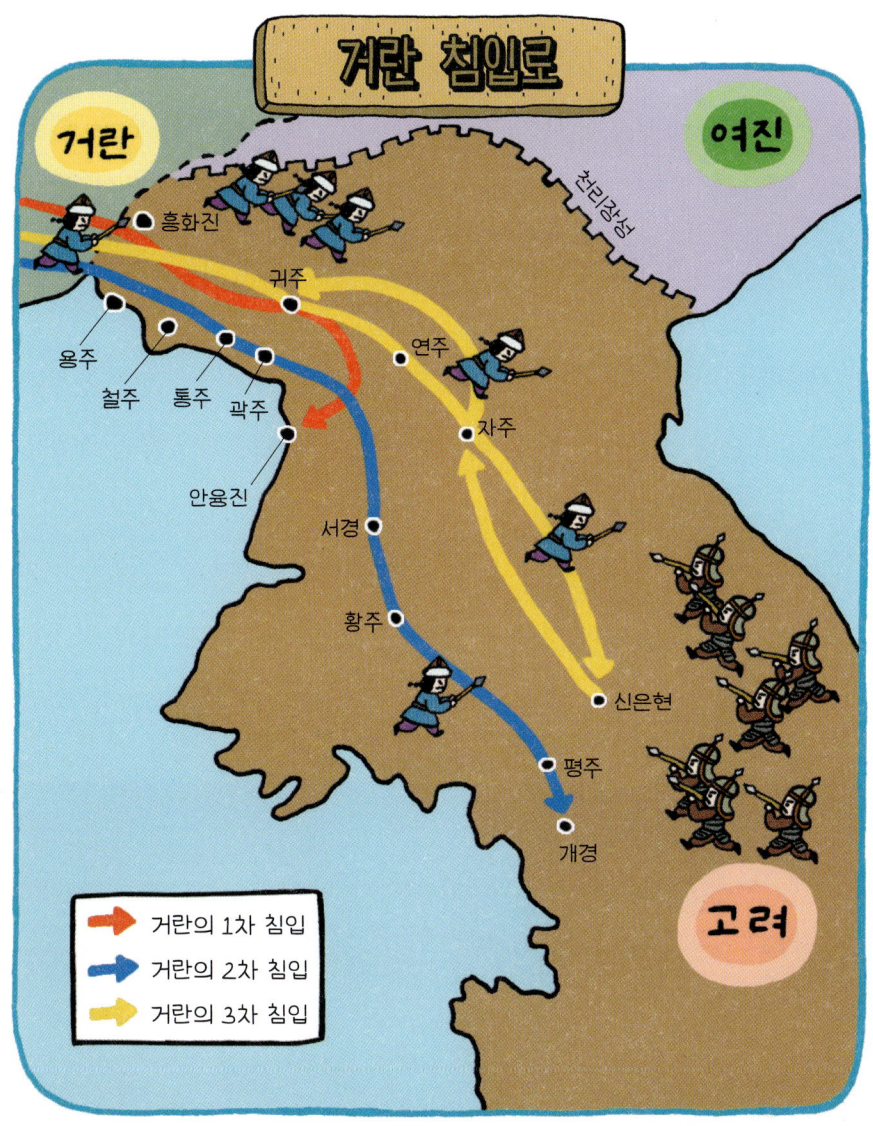

　1차 침입 때는 서희의 담판으로 물리쳤지만 2차 때는 거란의 군사가 개경까지 쳐들어왔고, 고려 국왕은 나주까지 피란을 가야 했어. 하지만 거란의 군대도 너무 적진 깊숙이 들어온 것이 내심 불안했지. 더구나 개경까지 급하게 들어오느라 지방의 튼튼한 성들을

그냥 지나쳐 왔거든. 때마침 고려가 화친을 요청했어. 거란은 고려와 강화 조약을 맺고 돌아가는 길에 고려 군대의 반격을 받고 큰 피해를 봤단다. 결국 거란의 2차 침입은 별 성과 없이 끝나고 말았어.

거란의 3차 침입: 강감찬의 귀주 대첩

강동 6주에 여전히 미련을 버리지 못한 거란은 다시 한번 소배압을 앞세워 10만 대군을 이끌고 고려를 침략했어. 1018년 거란의 3차 침입이야. 이번에는 2차 침입 때 맺은 강화 조약을 고려가 지키지 않았다는 것을 명분으로 삼았어. 강화 조약에서 고려의 국왕이

귀주대첩도

직접 거란의 황제를 만나러 가겠다는 약속을 했는데, 그러지 않았거든. 이때는 고려도 만반의 준비를 하고 있었어. 바로 이때 고려 군사를 이끈 사람이 강감찬 장군이었어.

📖 개경까지 진격하던 거란군은 전세가 불리해져 후퇴를 하였으나 강감찬은 이를 추격하여 귀주에서 큰 승리를 거두었다. 이를 '귀주 대첩'(1019년)이라 한다.

강감찬은 거란의 군사들이 강을 건너고 있을 때 막았던 강물을 터뜨려 적군을 물리치고 큰 승리를 거두었어. 거란군은 큰 피해를 입고서도 개경까지 쳐들어왔지만 시간이 지남에 따라 전세가 불리해지자 급히 후퇴하기 시작했어. 강감찬은 압록강 근처의 귀주에서 기다리고 있다가 후퇴하는 거란군을 크게 무찔렀지.

오호! 그러니까 강감찬 장군은 거란군을 두 번이나 물리친 것이로군. 쳐들어올 때 강에서 한 번, 후퇴할 때 벌판에서 한 번. 후퇴하는 군대는 힘이 약한 법이니 귀주 벌판에서 훨씬 더 큰 승리를 거둔 것이고. 귀주 대첩은 거란이 세 번이나 고려를 침략하는 동안 그들에게 가장 큰 패배를 안겨 준 싸움이 되었단다.

이로써 고려와 거란 사이에 30년 가까이 벌어졌던 세 차례의 전쟁은 결국 고려의 승리로 끝났어. 이제 송나라, 고려, 거란 사이에 어느 정도 힘의 균형이 이루어진 거야. 고려는 북쪽 국경 지역에 천리 장성을 쌓는 등 국방을 더욱 튼

고려 군대는 강감찬을 따르라!

튼히 했지. 고려의 평화는 이후 100년 가까이 이어졌고, 이 기간 동안 고려는 안정 속에서 발전을 이룰 수 있었단다.

여진 정벌 특수 부대, 윤관의 별무반

귀주 대첩이 있고 나서 100년 가까이 흐른 뒤, 고려에 또다시 전쟁의 먹구름이 몰려왔어. 이번에는 거란이 아니라 여진이 문제였어. 고려를 부모의 나라로 섬기던 여진의 각 부족이 이즈음에 서로 뭉치기 시작한 거야. 일단 힘을 모으자 여진은 만만찮은 세력이 되었고, 고려와 국경 지대에서 군사 대결을 벌이기도 했어. 여진이 살던 한반도 북동쪽은 땅도 기후도 농사에 적합하지 않아서 늘 먹을 것이 부족했거든. 이전에는 고려를 섬기며 교역을 통해 식량을 얻어 갔는데, 이제 힘이 생기니 침략해 힘으로 빼앗아 가기 시작한 거지. 고려도 여진의 침략에 대비를 했어. 그런데 싸울 때마다 번번이 패하는 거야. 바로 여진의 날쌘 기마병 때문이었어. 당시 고려의 군대는 걸어서 움직이는 보병 위주여서 말을 타고 움직이는 기마병을 당해 낼 수 없었지.

거란이 세운 요나라가 쇠퇴하고 여진족이 성장하면서 국경을 접하고 있던 고려와 여진족의 다툼이 많아졌다. 이에 윤관은 '별무반'이라는 부대를 이끌고 여진족을 물리쳤다. 고려는 여진족을 몰아내고 새로 차지한 땅에 9개의 성을 쌓고 백성을 이주시켜 고려의 영토로 삼았다.

　여진 정벌을 책임진 윤관 장군은 여진과 싸우기 위해 특수 부대인 '별무반'을 만들었어. 별무반은 기마병을 대폭 강화하고 귀족부터 양인, 노비, 승려에 이르기까지 거의 모든 계층을 아우르는 군대였어. 한마디로 모든 고려 사람의 힘을 모아 여진과 싸우겠다는 의지를 다진 거지. 결과는? 대성공! 여진의 침략을 막았을 뿐 아니라, 그들의 지역으로 깊숙이 들어가 여진을 몰아낸 다음, 아홉 개의 성을 새로 쌓고(1107년) '동북 9성'이라 불렀단다. 그런데 동북 9성의 위치에 대해서는 세 가지 설이 있어. 125쪽 지도에 표시했으니 참고할 것!

　이제 여진족 문제는 해결된 거냐고? 아쉽게도 그렇지 않았어. 일

척경입비도

단 윤관이 세운 동북 9성은 관리하기 힘든 것이 문제였지. 아홉 개의 성마다 군대를 유지하기에는 비용이 너무 많이 들었고, 성들 사이의 거리가 멀어서 싸움이 벌어졌을 때 재빨리 달려가 도와줄 수가 없었단다. 게다가 여진은 동북 9성을 공격하기도 하고, 때로는 앞으로 고려를 침략하는 일은 없을 테니 제발 자기네 땅을 돌려 달라고 애원하기도 했어. 고민하던 고려 정부는 결국 동북 9성을 여진에게 돌려주기로 했단다.

이제, 여진이 고마워하면서 다시는 고려 땅을 침략하지 않았을까? 그럴 리가! 땅을 돌려받은 여진은 오히려 더욱 세력이 커져서 마침내 나라를 세우게 되었어. 여진이 세운 금나라는 거란이 세운 요나라를 넘어서며 동아시아의 새로운 강자로 떠오르게 되었지.

그러고는 고려에 군신 관계, 그러니까 임금과 신하의 관계를 요구했어. 물론 임금은 금나라, 신하는 고려였고. 그것참, 이만저만 자존심 상하는 일이 아니었지만, 고려는 금나라의 요구를 받아들였어. 당시 금나라의 힘이 강하기도 했지만 고려 안의 사정이 무척 혼란스러웠거든. 부모의 나라에서 하루아침에 신하의 나라가 되다니……. 그래도 당장에 전쟁이 일어나는 것은 피할 수 있었단다.

이렇게 보면 고려는 주변 나라들과 싸움만 한 것 같지만 그렇지는 않아. 친했던 송나라뿐 아니라 거란이나 여진과도 교류가 있었단다. 거기서 한 걸음 더 나아가 일본, 동남아시아, 멀리 아라비아의 상인들까지 무역을 하기 위해 고려를 찾았어. 고려는 전 세계를 향해 열린 나라였어. 여기에 대해서는 다음 시간에 고려의 대외 관계를 살펴보면서 자세히 설명해 줄게.

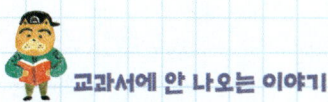 교과서에 안 나오는 이야기

한눈에 비교해 보는 고려의 영웅들

거란의 침입에 맞서 고려를 지킨 두 영웅이 있지. 바로 '외교의 달인' 서희와 '전쟁의 신' 강감찬이야. 두 영웅을 속속들이 비교해 보자!

서희: 외교의 달인 vs 강감찬: 전쟁의 신

출생
- 서희: 942년, 고려 초기 높은 벼슬이었던 내의령 서필의 아들로 태어남.
- 강감찬: 948년, 왕건을 도와 개국 공신이 된 강궁진의 아들로 태어남.

어린 시절
- 서희: 어려서부터 성품이 조심스럽고 엄격하였음. 무슨 일을 하든지 철저하게 준비하는 스타일.
- 강감찬: 키가 작고 못생겼으나 공부를 좋아하고 기발한 아이디어가 많았음.

관직
- 서희: 18세 때 과거에 급제하여 고속 승진. 송나라에 사신으로 갔을 때는 뛰어난 외교 능력으로 송나라 황제에게 벼슬을 받음.
- 강감찬: 원래는 문관으로 출발했으나, 거란의 침략 당시 직접 군사를 지휘함. 후에 중앙의 으뜸 벼슬인 문하시중이 되었음.

활약
- 서희: 거란의 1차 침략 때 거란의 사령관 소손녕과 담판을 통해서 적을 물리쳤을 뿐 아니라 강동 6주를 얻음.
- 강감찬: 거란의 3차 침입 때 귀주 대첩으로 큰 승리를 거둬 다시는 거란이 침략하지 못하도록 만들었음.

최후
- 서희: 54세에 병이 들자 국왕이 직접 가서 문병할 정도로 극진히 보살폈으나, 3년 후 57세의 나이로 사망.
- 강감찬: 나라를 구한 영웅으로 온 백성의 칭송을 받으며 장수하다가 84세의 나이로 사망.

별이 떨어진 곳에서 장군이 태어나다, 낙성대

낙성대를 답사하려면 서울 지하철 2호선 낙성대역에서부터 시작하는 것이 좋아. 역 안에 강감찬 장군의 일생과 업적을 그림과 함께 잘 설명해 놓은 공간이 있거든. 송나라 사신이 강감찬 장군을 보고서 "문곡성이 보이지 않더니 여기서 뵙습니다."라고 말했다는 이야기도 적혀 있어. 장군이 태어날 때 문곡성이라는 별이 떨어졌다고 하는데, 강감찬이 그 문곡성의 정기를 받아 태어났다는 이야기를 하며 예를 차린 것이지. 강감찬 장군과 관련한 이야기를 읽으며 전철역을 나서서 10분 남짓 걸으면 낙성대에 도착해.

관악산 자락에 자리 잡은 낙성대의 공식 명칭은 '관악산 낙성대 공원'이야. 다른 역사 현장에 비해 유물이나 유적은 적지만 봄꽃과 가을 단풍이 아름다워서 역사 탐방 겸 나들이 코스로 손색이 없지. 널찍한 공원 입구 광장에 들어서면 한쪽에 아까 수업 시간에 본 강감찬 장군의 동상이 관람객들을 맞아. 그 앞을 지나면 장군을 모신 사당인 안국사의 정문이 나오고. 멋진 기와지붕을 한 정문을 지나면 오른쪽에는 최근에 만든 사적비가 있고, 왼쪽에는 삼층석탑이 있어. 이 석탑은 고려 시대에 만든 것으로, 몸체에 '강감찬낙성대(姜邯贊落星垈)'라는 글씨가 새겨져 있어. 강감찬 장군의 집터에 있던 것을 이곳에 공원을 만들면서 옮겨 왔대. 진짜 집터는 지금의 낙성대 공원 바로 앞에 있다는구나.

석탑을 지나서 곧장 앞으로 가면 안국사가 나와. 이곳에 장군의

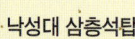

낙성대 삼층석탑

안국사

영정(죽은 사람의 초상화)이 있지만, 관람객은 안까지 볼 수 없어. 좀 아쉽지? 하지만 여기서 끝이 아니야. 낙성대에는 관악산 둘레길이 연결되어 있고, 낙성대로를 따라 조금만 올라가면 서울특별시 과학 전시관도 있어. 거기서 길을 따라 계속 올라가면 서울대학교 캠퍼스 구경도 할 수 있으니, 입맛 따라 골라 가는 재미를 즐겨 볼까?

:: 알아 두기 ::
가는 길 지하철 2호선 낙성대역 4번 출구로 나와서 마을버스를 타면 5분, 걸으면 15분 만에 도착해.
관람 소요 시간 30분.
휴관일 연중무휴.
추천 코스 지하철 2호선 낙성대역 안의 벽에 붙어 있는 강감찬 장군 관련 이야기와 그림을 보고 낙성대에서 동상과 안국사를 관람해 보자.

1126년 ◆— 문벌 귀족이 왕위를 빼앗고자
　　　　 난을 일으키다 (이자겸의 난)
1135년 ◆— 묘청이 수도를 서경으로 옮기고자
　　　　 난을 일으키다(묘청의 난)

1170년 ◆— 정중부 등이 무신 정변을 일으키다
1176년 ◆— 농민이 무신의 횡포에 항거하여
　　　　 민란을 일으키다 (망이·망소이의 난)

1198년 ◆— 노비 만적이 신분 해방 운동을
　　　　 꾀하다 (만적의 난)

1231년 ◆— 몽골이 침입하다
1232년 ◆— 수도를 강화도로 옮기다
1236년 ◆— 팔만대장경을 만들기 시작하다
　　　　 (1251년 완성)

1270년 ◆— 개경으로 환도하다

1356년 ◆— 공민왕이 반원 개혁을 하다

1367년 ◆— 문익점이 목화 재배에 성공하다

1377년 ◆— 세계 최고의 금속 활자본
　　　　 『직지심체요절』이 간행되다
1380년 ◆— 최무선이 만든 화약과 화포로
　　　　 왜구를 무찌르다

3부

활발한 무역을 통해 꽃피운 문화

8교시 | 권력은 칼끝에서 나온다! 무신 정변 _ 임진강 장단 석벽

9교시 | 대몽 항쟁의 빛과 그림자 _ 강화 고려궁지

10교시 | 보물섬? 보물선! 바닷속에서 건진 고려의 대외 교류사
_ 목포 국립해양문화재연구소

11교시 | 나라를 위한 과학, 백성을 위한 기술 _ 국립과천과학관

8교시
권력은 칼끝에서 나온다! 무신 정변

두지나루의 황포돛배

임진강 장단 석벽

캬~ 경치 최고다! 역시 왕들이 놀던 곳답구나.

장단 석벽

> 강감찬, 서희, 윤관의 공통점은? 외적을 물리쳤다는 것. 그리고 모두 문관이었다는 것. 외교 담판을 벌인 서희야 그렇다 쳐도, 강감찬과 윤관 역시 모두 문신이었어. 고려 시대 무신은 총사령관을 맡을 수 없었거든. 이렇게 고려는 무신보다 문신을 우대했고, 차별받던 무신들은 결국 반란을 일으키고 만단다.

안녕? 오늘은 오랜만에 산 좋고 물 좋은 곳으로 수업을 떠나 볼까? 그런 역사 현장도 있느냐고? 물론 있지. 임진강 고랑포 일대의 장단 석벽은 풍경이 뛰어난 역사 현장이란다. 장단 석벽을 제대로 보려면 파주에 있는 두지나루에서 황포돛배를 타야 해. 그러면 고랑포까지 오가며 강 위에서 석벽을 즐길 수 있거든. 그럼 황포돛배를 타고 출발해 볼까?

저기 유유히 흐르는 임진강 뒤로 깎아지른 듯한 아름다운 절벽이 바로 장단 석벽이야. '장단'은 지명이고, '석벽'은 깎아지른 듯한 언덕 바위라는 뜻이지. '송도 8경' 가운데 유일하게 남한에 남아 있는 곳이란다. 송도는 개성의 옛 이름이고, 8경은 여덟 가지 빼어난 경치라는 뜻이야. 어떻게 남한 땅에 송도 8경의 하나가 있느냐고?

장단 석벽이 개성 시내가 아니라 외곽에 있었기 때문이야. 38선 이남에 자리 잡은 개성은 8·15 광복 직후에는 남한 땅이었어. 6·25 전쟁 이후 휴전선이 들쭉날쭉해지면서 북한 땅이 된 것이지. 그만큼 개성은 남한에서 가까운 곳에 있단다.

뺨 맞은 무신, 반란을 일으키다

 고려에 무신 정권이 들어서고 지배층이 권력 다툼을 벌이는 사이에 나라 밖에서는 몽골이 세계적인 대제국으로 성장하여 고려를 위협하고 있었다.

무신 정권이 뭐냐고? 그걸 설명하기 위해 장단 석벽에 온 거야. 술과 잔치를 좋아했던 고려 18대 임금 의종은 신하들을 이끌고 이곳으로 자주 놀러 왔어. 이때 문신과 무신의 처지가 확실히 갈렸단다. 문신들이 임금과 함께 먹고 마시고 노는 동안 무신들은 묵묵히 보초를 서야 했으니까.

1170년 8월의 어느 날도 그랬어. 의종은 신하들을 이끌고 장단 석벽과 가까운 보현원으로 나들이를 갔어. 가는 도중에 문신들과 잔치를 벌였고, 무신들은 밖에서 경계를 서며 고생하고 있었지. 그런데 갑자기 의종이 무신들을 불러서 '수박희'를 하라고 했어. 수박희란 맨손으로 무예를 겨루는 시합이야. 지금으로 치면 태권도

대련이라고 할까? 잔치의 흥도 돋우고 승리한 무신들에게는 상을 내릴 생각이었어. 그런데 엉뚱한 일이 벌어지고 말았어. 수박희에 참가한 나이 많은 대장군 이소응이 젊은 무신의 힘에 밀려서 지고 말았는데, 갑자기 한뢰라는 젊은 문신이 튀어나와 대장군의 뺨을 때린 거야. 천하의 대장군이 애송이도 못 이기느냐는 모욕을 주면서 말이야. 그 자리에 있던 의종과 문신들 또한 말리기는커녕 손뼉을 치며 대장군을 비웃었어. 이 장면을 지켜보던 다른 무신들은 모욕감에 몸을 떨 수밖에.

그날 밤, 대장군 정중부는 칼을 빼 들었어. 사실 정중부는 몇 달 전부터 무신인 이의방, 이고 등과 함께 반란을 일으킬 기회를 엿보고 있었거든. 한뢰가 모욕을 준 사건은 이들의 반란에 좋은 계기가 된 거야. 더구나 정중부 자신도 오래전 젊은 문신에게 심한 모욕을 당한 적이 있어. 김돈중이라는 문신이 장난삼아 정중부의 수염을 촛불로 태워 버렸거든. 김돈중은 『삼국사기』를 편찬했던 김부식의 아들이었는데, 잘나가는 문벌 귀족이라는 집안 배경만 믿고 못된 짓을 하고 다닌 거지. 드디어 정중부에게 복수의 기회가 온 거야.

정중부는 무신들을 이끌고 보현원에 따라온 문신들을 모조리 죽인 다음, 개경으로 돌아가서도 눈에 띄는 문신들은 살려 두지 않았어. 당연히 개경에 있던 무신들도 정중부의 뒤를 따랐고. 차별받던 무신들의 반란이 일어난 거야. 정중부는 의종을 몰아내고 새로운 왕을 세웠어. 역사에서는 이 사건을 '무신 정변'이라고 부른단다.

아, 김돈중이 어떻게 됐는지 궁금하다고? 정중부가 반란을 일으켰다는 소식을 들은 김돈중은 현재 파주에 있는 감악산으로 피신했다가 결국 잡혀서 죽임을 당하고 말아.

혼란의 시작, 이자겸과 묘청의 난

이 당시 차별과 고통을 받은 사람들은 무신들만이 아니었어. 이미 문벌 귀족들에 대해 백성들도 마음이 떠나 있던 상황이었지.

관직을 차지한 문벌 귀족들은 국가로부터 많은 토지를 받았고 또 자신의 권력을 이용하여 자식에게 지위를 물려주면서 점점 더 힘을 강화했어. 국가로부터 받은 토지뿐만 아니라 조상에게 물려받은 재산이 늘어 가면서 더욱 부유해졌지. 그러면서 수준 높은 문화를 누렸어. 크고 화려한 집에서 시, 그림, 음악을 즐기는 등 귀족만의 문화를 누렸던 거지. 문벌 귀족들은 자신들의 호화로운 생활을 위해 농민들의 피와 땀을 쥐어짰어. 이런 상황에서 무신들이 문벌 귀족을 내쫓은 것이었으니 백성들도 별다른 반대가 없었지. 또 하나, 문벌 귀족끼리 권력 싸움을 벌여 귀족의 힘이 약해진 것도 무신 정변이 발생한 이유가 되었단다.

문벌 귀족의 권력 싸움은 1126년 '이자겸의 난'으로 시작되었어. 이자겸은 지난 시간에 설명한 이자연의 손자야. 그는 할아버지의 뒤를 이어 고려 최고의 문벌 귀족이 되어 왕보다 더 큰 힘을 누렸지. 예를 들어 고려가 여진이 세운 금나라에 신하의 예를 갖추게 된 것도 왕이 아니라 이자겸의 결정에 의한 것이었어. 만약 고려가 금나라에 대항한다면 자신의 권력이 위험에 빠질지도 모르니까 그런 거야. 고려가 부모의 나라에서 신하의 나라가 되더라도 자신이 권력을 잡고만 있으면 된다는 생각이었던 거지. 이자겸은 17대 임금 인종의 외할아버지이자 장인이었는데, 권력이 점점 커지자 스스로 왕이 될 꿈을 꾸기 시작했단다. 이를 눈치챈 인종이 이자겸을 치려고 했고, 이걸 안 이자겸은 궁궐을 불태우고 임금을 강제로 자기 집에 옮겨와 살게 했어. 그리고 호시탐탐 왕이 될 때만을 노리고 있었지. 우여곡절 끝에 이자겸과 그 일당은 제거되었지만 이로써 문벌 귀족 사회는 크게 흔들릴 수밖에 없었어.

이자겸이 몰락하자 이번 기회에 금나라를 섬기지 말

> 이자겸이 인종의 외할아버지이자 장인이 된 것은 인종이 이모와 결혼했기 때문이야. 고려 왕실에서는 이런 일이 심심찮게 일어났단다.

자는 주장이 힘을 얻기 시작했어. 이런 주장을 편 사람들 중에는 수도를 서경으로 옮겨야 한다(서경 천도)는 사람, 더 나아가 금나라를 정벌해야 한다는 사람까지 있었지. 하지만 다른 사람들은 금나라를 계속 섬겨야 국제 관계가 안정될 것이라며 서경 천도를 반대했단다. 인종은 처음에는 서경으로 수도를 옮기려고 했지만, 결국 개경에 머물기로 결정했어. 그러자 서경 천도를 주장하던 묘청이 반란을 일으키고 서경에 '대위'라는 나라를 세웠어. 이걸 '묘청의 난'이라고 불러(1135년). 금나라를 섬길 것을 주장하며 천도를 반대하던 김부식이 반란을 진압했지만, 이 과정에서 문벌 귀족들 사이에 갈등과 분열이 커지게 되었어.

숙명의 라이벌, 김부식과 정지상

서경에서의 반란은 묘청이 이끌었지만, 그는 귀족이 아니라 승려였어. 묘청을 왕에게 추천하여 서경으로 수도를 옮기는 것을 주장하도록 한 사람은 바로 정지상이었지. 정지상은 서경 천도를 반대한 김부식과 오랜 라이벌이기도 했어. 정치뿐 아니라 문학에 있어서도 그랬대. 그런데 시 쓰는 실력은 정지상이 한 수 위여서 김부식이 늘 질투했다는구나. 김부식이 묘청의 난을 진압하면서 정지상을 관련자로 몰아서 죽인 것도 이런 질투 때문이었다는 이야기가 전해진단다. 나중에 김부식이 병으로 죽게 된 것은 정지상 귀신 때문이라는 이야기도 있고 말이야. 이쯤 되면 정말 숙명의 라이벌이라 부를 만하지?

정중부에서 최충헌까지, 무신 정권 전성시대

　이자겸의 난과 묘청의 난을 겪으면서 문벌 귀족 사회가 흔들리고 문벌 귀족들의 횡포 때문에 민심마저 떠났어. 이런 상황에서 결국 무신 정변이 일어났던 거야. 그러면 문벌 귀족을 몰아내고 권력을 잡은 무신들은 어땠을까? 이들은 문벌 귀족의 잘못을 되풀이하지 않고 나라를 안정시킬 수 있었을까?

　불행히도 현실은 정반대였어. 무신들의 권력 싸움은 문벌 귀족들보다 더 치열했고 백성들을 쥐어짜서 자기 배를 불리는 것도 문벌 귀족보다 더했지. 무신 정변을 주도한 3인방인 정중부, 이의방, 이고부터 권력 싸움을 시작했으니까.

　칼을 쥔 무신들의 권력 싸움은 누군가를 유배 보내는 것 정도로 끝나지 않았어. 이의방이 이고를 죽이고, 이의방 역시 정중부 세력에게 죽임을 당하지. 그리고 정중부마저 경대승이라는 장군에 의해 죽임을 당했어. 그 뒤 경대승이 4년 만에 병으로 죽자, 이번에는 이의민이 권력을 잡았어.

그런데 이 이의민이라는 사람의 경력이 아주 독특해. 그의 어머니가 절에 소속된 노비였거든. 노비의 아들이니 이의민도 천민이었지. 그런데 이의민은 무술 실력이 아주 뛰어났어. 그는 군인으로 특별히 뽑혀 수박희에서 무술을 뽐내며 출셋길에 올랐어. 결국 무신 정변 때 큰 공을 세워서 장군이 되었다가 경대승의 뒤를 이어 권력을 잡게 된 거야. 아무리 혼란한 시기였지만 노비의 아들이 최고 권력자가 되다니, 놀라운 일이 아닐 수 없군.

백성들이 얼마나 힘들게 사는지 잘 아는 노비 출신이 권력을 잡았으니 이번에야말로 훌륭한 정치를 폈을까? 아쉽지만 정반대였어. 이의민은 자신의 아들들과 함께 이전의 어떤 권력자보다 더한 횡포를 부렸어. 오죽했으면 그의 두 아들의 별명이 '쌍칼'이었을까. 10년 동안이나 권력을 잡고 백성들을 괴롭히던 이의민과 아들들도 결국 비참한 최후를 맞았어. 최충헌이 이의민을 죽이고 권력을 잡은 거야.

최충헌은 이의민과 달리 집안이 좋았어. 아버지가 고위 지휘관인 상장군이었고, 최충헌 자신도 무신으로 출세를 거듭했지. 그래서였을까? 최충헌은 이의민과는 다른 방식으로 권력을 유지했어. 우선 왕에게 '봉사 10조'라는 개혁안을 제출했지. 마치 최승로가 성

최충헌 집안에서 사용했던 휴대용 불경인 『불정심 관세음보살 대다라니경』

종에게 '시무 28조'라는 개혁안을 제안했던 것처럼 말이야. 봉사 10조는 정치를 바로잡고 백성들을 보살펴야 한다는 내용을 담고 있었어.

그런데 문제는 최충헌 스스로 봉사 10조의 내용을 전혀 실천하지 않았다는 거야. 스스로 높은 벼슬을 차지하고, 자기 맘에 들지 않으면 왕도 갈아 치웠지. 백성들을 괴롭혀서 자기 재산을 불린 것도 이전에 권력을 잡았던 무신들과 마찬가지였어. 다만 그때까지 숨죽여 살던 문신들에게 높은 벼슬을 내리고 그들의 적극적인 협조를 얻어 냈단다. 물론 조금이라도 말을 듣지 않는 사람들은 철저하게 탄압했지. 이렇게 차근차근 다져진 최충헌의 권력은 그가 죽을 때까지 계속되었어. 그뿐만 아니라 권력은 그의 아들 최우, 손자 최항을 거쳐 증손자 최의까지 이어지면서 4대 60여 년간(1196년~1258년) 최씨 집안의 전성시대(최씨 정권)가 지속되었단다.

무신들의 횡포, 농민 봉기를 부르다

1170년 무신 정변이 시작되고 최충헌 집안이 몰락하기까지 고려의 무신 정권은 수십여 년 동안 계속되었어. 이 기간은 백성들에게 매우 어려운 시기였어. 무신들은 불법적으로 백성들의 토지를 빼앗고, 정해진 것보다 많은 세금을 거두는 등 횡포가 날로 심해졌어. 이러한 틈을 타 지방의 관리들도 욕심을 채우기 위해 나라에 바친다는 이유 등을 대면서 함부로 세금을 걷어 백성들의 생활을 더욱 어렵게 했지. 결국 더 이상 참을 수 없었던 백성들이 들고일어나게 된단다.

그런데 좀 이상하지 않니? 백성들이 토지를 빼앗기고 세금을 많이 뜯긴 것은 문벌 귀족이 권력을 잡고 있을 때도 마찬가지였잖아. 그렇다면 무신들이 문벌 귀족들보다 백성들을 더 심하게 괴롭힌 걸까? 물론 그런 면도 없지 않았어. 하지만 백성들이 봉기를 일으킨 더 큰 이유는 따로 있었단다. 바로 무신들의 하극상이 농민 봉기를 자극한 거야. '하극상'이란 계급이나 신분이 낮은 사람이 윗사람을 꺾고 오르는 일을 말해. 관직이 낮았던 무신들이 고위 관직을 독점하던 문신들을 죽이고 권력을 잡은 것이나, 천민이었던 이의민이 최고 권력자에 오른 것 등이 전형적인 하극상이지.

무신 정변이 일어나고 6년 뒤인 1176년, 대규모 농민 봉기가 일어났어. 공주 명학소(지금의 대전 지역)에서 망이와 망소이가 봉기를 일으킨 거야. 그런데 이건 보통의 농민 봉기와 조금 달랐어. 고려 시대에 '향' '소' '부곡'으로 끝나는 지명을 가진 마을은 일종의 특

대전에 있는 명학소 민중 봉기 기념탑

수한 행정 구역이었어. 그중에서도 '소'는 종이나 숯 등 나라에 바칠 중요한 물품을 만드는 사람들이 살던 마을이었단다. 나라에서는 이들을 보통 백성들과 차별 대우했어. 생산되는 물품을 많이 거둬 가면서도 이 마을 사람들은 일반 농민보다 더 천하게 취급했지. 이렇게 쌓이고 쌓인 불만이 무신 정변을 계기로 명학소에서 폭발한 거야.

명학소 사람들은 공주 지역을 점령하고, 정부가 보낸 토벌대마저 물리쳐 버렸어. 그러자 나라에서는 부랴부랴 명학소를 '현'으로 바꿔 주겠다며 이들을 달랬어. '현'은 보통 백성들이 사는 마을을 뜻했거든. 그 말만 믿고 명학소 사람들은 집으로 돌아갔어. 하지만 명학소가 충순현으로 바뀐 뒤에 봉기 주도자들에 대한 탄압이 계속되었어. 그래서 농민들이 다시 한번 봉기했지만, 결국 진압되고 충순현은 다시 명학소로 강등되고 말았단다.

망이·망소이의 난을 시작으로 백성들의 봉기는 꼬리를 물고 이어졌어. 그중에는 노비였던 만적이 일으킨 '만적의 난'(1198년)도 포함되어 있단다. 만적의 난은 일종의 노비 해방 운동이었지. 만적은 무신 정변의 하극상을 지켜보면서 노비도 출세할 수 있다고 믿었단다. 만적은 동료 노비들과 반란 계획을 세우면서 "무신의 난 이후로 천민과 노비 중에도 높은 벼슬아치가 많이 나왔다. 왕이나 장군의 씨가 어찌 따로 있겠는가? 때가 오면 누구나 할 수 있는 것이다."라고 말했다고 해.

하지만 만적은 동료의 배신으로 봉기를 일으켜 보지도 못하고 죽임을 당했어. 사실 만적뿐이 아니야. 무신 정권 내내 이어진 백성들의 봉기는 모두 실패로 끝나고 말았어. 많은 희생자를 남기고 말이야. 하지만 백성들의 봉기는 역사를 조금씩 앞으로 끌고 나가는 힘이 되었단다. 봉기를 통해서 천대받는 사람들의 의식이 깨어났고, 지배층은 더 심한 횡포를 부리지 못했기 때문이지.

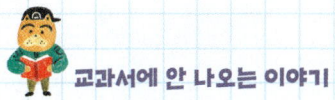 교과서에 안 나오는 이야기

노비 해방 운동의 선구자, 만적의 최후 진술

개경의 사노비였던 만적은 반란을 일으키려다가 발각되어 죽임을 당했어. 만약 만적이 죽기 직전에 마지막으로 말할 기회가 있었다면 이렇게 말하지 않았을까?

나는 오늘 죽는다. 노비의 아들로 태어나 수십 년을 살면서 죽도록 고생했던 기억만 있으니, 오늘 죽는 것이 아깝지는 않다. 다만 우리 손으로 주인을 죽이고 노비 문서를 태우려던 계획이 물거품으로 사라져 원통할 뿐이다. 그렇다고 나를 배신한 친구를 원망할 생각도 없다. 원래 우리가 계획한 날에 거사를 일으키지 않고, 더 많은 사람이 모일 때를 기다리며 일을 미룬 것이 바로 나였으니까. 오직 나를 믿다가 나와 함께 죽는 동지들에게 미안할 따름이다.

하지만 오늘 우리가 죽는다고 너무 슬퍼하지 말자. 사람이란 어차피 한 번 죽는 것이 아닌가. 처음 우리가 모였을 때 내가 했던 말을 기억하는가? 그때 나는 "왕이나 장군의 씨가 어찌 따로 있겠는가? 때가 오면 누구나 할 수 있는 것이다. 왜 우리들이라고 채찍 아래서 뼈 빠지게 일만 하겠는가."라고 말했다. 우리도 왕이나 장군이 되어 잘 먹고 잘 살자는 뜻이었다. 실제로 우리 같은 천민이었던 이의민은 장군이 되지 않았는가?

이제 우리는 죽는다. 하지만 나는 우리의 죽음이 결코 헛되지 않을 것이라고 믿는다. 노비들과 백성들의 고생은 계속될 것이고, 그들 중에서 우리의 일을 발판 삼아 고생을 끝장내고자 하는 사람들이 나타날 테니까. 결국 우리의 바람처럼 언젠가는 노비 문서가 없어지는 날이 올 것이다. 그날이 오면, 우리 저세상에서라도 손을 잡고 기뻐하자.

 역사 현장 답사

남한의 고려 왕실 유적 탐방, 장단 석벽과 주변 유적지

경순왕릉

　이번 역사 현장 답삿길은 답사뿐 아니라 하루짜리 나들이를 제대로 즐길 수 있는 코스야. 장단 석벽을 중심으로 주변의 유적지들을 둘러보는 거지. 아무래도 대중교통은 힘드니까 부모님과 같이 승용차를 타고 가는 것이 좋겠어.
　역사 나들이의 출발은 경기도 파주시 적성면의 두지나루에서 시작해. 두지나루에서 황포돛배를 타고 고랑포까지 오가면서 장단 석벽을 볼 수 있어. 고랑포는 오래전부터 임진강을 통해 곡식을 운반하는 배들로 북적이는 나루터였단다. 장단 석벽이 고려 왕들의 단골 놀이터였다는 것은 수업 시간에 말했지? 송도 8경 가운데 하나이기도 하고 말이야. 이곳은 조선의 태조 이성계도 자주 찾았던 곳이래. 황포돛배 안에서는 그 당시 역사에 대해 자세한 안내를 해 주기도 하니까 아름다운 석벽을 보면서 설명을 들으면 돼.
　고랑포 바로 옆에는 경순왕릉이 있어. 기억나니? 신라의 마지막 왕. 경순왕은 왕건에게 나라를 바치고 고려의 귀족이 되어 편안하게 삶을 마쳤지. 그의 고향은 경주였지만 고려에 귀순한 뒤 개경에서 살았기 때문에 이곳에 무덤이 있는 거야. 왕릉이라고 하기에는 조금 초라해 보이는 것이 신라의 쓸쓸한 최후를 생각나게 하네.

숭의전

　고랑포에서 차로 20분 정도 달리면 고려 왕들을 모신 사당인 숭의전이 나와. 조선 시대에 고려 왕 서른네 명 중 태조를 비롯한 여덟 임금에게 제사를 지내던 사당이야. 솟을대문 뒤로 건물이 여러 채 모여 있어.
　고랑포 남쪽에는 무신 정변 때 김돈중이 달아나 숨었다는 감악산이 있어. 그 시절을 말해 주는 역사 유적은 없지만, 맑은 날 등산하기에는 더없이 좋은 산이지. 고려 시대 유적은 아니지만 고랑포 경순왕릉 바로 옆에 있는 호로고루도 놓치기 아까운 곳이야. 삼국 시대에 고구려 군대가 쌓은 요새인데 탁 트인 주변 경관이 아주 멋지단다.
　호로고루에서 10킬로미터쯤 떨어진 곳에는 삼국 시대에 쌓은 칠중성이 있어. 이 지역은 한반도 북서부와 서울을 잇는 교통의 요충지여서 삼국 시대에 많은 전투가 있었대.

:: 알아 두기 ::
가는 길 적성버스터미널에서 내려서 택시를 타면 장단 석벽까지 기본 요금으로 갈 수 있어.
관람 소요 시간 황포돛배 유람에 약 40분 소요.
운항 시간 10:00~17:20 (시간별로 운항, 월요일 휴무, 겨울에 강물이 얼면 운항이 중단되니 미리 확인해야 해.)
추천 코스 황포돛배를 이용해 장단 석벽을 보고, 경순왕릉과 호로고루까지 둘러본 후 숭의전 관람.

9교시
대몽 항쟁의 빛과 그림자

> 거란의 침략이 있고 난 200여 년 뒤, 고려의 북쪽에서 다시 전쟁의 먹구름이 밀려오기 시작했어. 거란과 여진의 뒤를 이어 몽골이 동아시아의 새로운 강자로 떠올랐거든. 몽골은 중국뿐 아니라 동서양을 가로지르는 세계 제국을 건설했고, 고려에까지 침략의 손길을 뻗었지. 항쟁이냐 항복이냐, 결국 고려는 항쟁을 선택했지만 그 피해는 엄청났단다.

이곳은 강화도에 있는 '고려궁지'야. 강화도에 왜 고려의 궁터가 있느냐고? 몽골의 침략을 받은 고려 왕실은 개경에서 강화도로 수도를 옮겼거든. 그때 궁궐을 지은 곳이 바로 이곳이야. 몽골에 대해서는 잠깐 설명이 필요하겠군.

지금까지 지구상에 있던 나라 중 영토가 가장 큰 나라는 어디일까? 바로 칭기즈 칸이 세운 몽골 제국이야.

몽골의 초원과 사막 지대에서 여러 부족으로 분열되어 있던 몽골인들은 칭기즈 칸이 등장하면서 세계 무대에 새로운 강자로 떠올랐어. 여진의 금나라를 무너뜨리고 중국 북쪽 지역을 장악한 뒤 중국 남쪽의 남송과 중앙아시아, 서아시아, 동유럽 등으로 영토를 넓혔어. 이때가 고려에서는 무신들이 권력을 장악하고 있던 시기

몽골의 여러 부족을 통일하고 몽골 제국을 세운 왕이야.

칭기즈 칸

였지. 아시아와 유럽을 가로지르는 나라를 건설한 몽골은 정말 '세계 제국'이라 부를 만큼 넓은 땅을 가졌단다. 멋지다고? 하지만 생각해 봐. 몽골은 땅을 어떻게 얻었을까? 모두 전쟁을 통해 힘으로 빼앗은 것이지. 몽골 제국을 통해 동서양의 문명이 교류하고 발전할 수 있었지만, 몽골이 일으킨 전쟁으로 많은 사람들이 고통받은 것도 사실이야.

몽골 제국의 땅 욕심은 끝이 없어서 결국 고려에까지 그 칼날이 향하게 되었어. 거란의 침략 이후로 200여 년간 평화를 누리던 고려는 항쟁과 항복의 갈림길에 서게 되었고 말이야. 무엇을 선택하느냐에 따라 고려의 운명이 갈리게 된 거야. 당시 고려의 권력을 쥐고 있던 사람은 최충헌의 아들인 최우였어. 최우는 몽골에 맞서 싸우기로 했고, 고려는 전쟁의 혼란 속으로 빠져들고 말았단다.

지금 강화 고려궁지에 남아 있는 건물들은 조선 시대에 지은 것들을 현대에 복원한 것이지만, 높은 계단 위에 당당히 서 있는 대문은 고려 시대 개경의 궁궐 대문과 비슷해. 자, 그럼 이곳 고려궁지에서 고려와 몽골의 40년 전쟁에 대해서 본격적으로 이야기해 볼까?

조정이 피란 가니, 온 백성이 맞서다

고려와 몽골의 첫 만남은 우연히 이루어졌어. 몽골군에게 쫓기던 거란의 한 무리가 고려 땅으로 들어온 거야. 고려는 몽골과 연합하여 거란을 쫓아 버리고, 몽골과는 형제의 나라가 되기로 했어.

그런데 문제는 여기서부터 시작되었어. 몽골이 사사건건 무리한 요구를 해 오는 거야. 그러다가 고려에서 몽골로 돌아가던 몽골 사신 저고여가 살해당하는 일이 벌어졌단다. 몽골은 복수를 예고했어. 그리고 몇 년 뒤, 몽골은 진짜 고려를 침략했지. 이게 바로 1231년에 벌어진 몽골의 1차 침략이야.

 고려의 군대와 백성들이 충주성에서 몽골군의 공격을 끝까지 막아내자, 몽골군은 고려와 타협하고 물러갔다. 이듬해 고려는 도읍을 강화도로 옮기고 몽골군과 계속 싸우기 위한 준비를 하였다.

몽골군은 거세게 밀어붙이며 고려로 쳐들어왔어. 여러 성을 점령하면서 충주까지 이르렀지. 충주의 백성들은 임시로 군대를 조직하여 몽골군을 물리쳤지만 고려 조정은 선물을 주며 화친을 청했고, 몽골도 이를 받아들이면서 전쟁은 마무리되었단다. 하지만 고려 조정은 이게 시작에 불과하다는 사실을 잘 알고 있었어. 선택의 시간이 다가왔지. 항쟁이냐 항복이냐. 당시 정권을 쥐고 있던 최우는 항쟁을 선택했어. 대륙의 초원에서 사는 몽골군이 바다 전투에 약하다는 이유로 수도를 개경에서 강화도로 옮기고(1232년) 최후까지 싸우기로 한 거야.

그런데 이거 좀 이상하지 않니? 조정을 몽땅 강화도로 옮기면 백성들은 어떻게 하란 말이지? 아, 군대를 남겨 놓은 것일까? 아니, 그렇지 않았단다. 최우가 강화도로 들어가면서 백성들을 위해 한 일이라고는 "적이 침략하기 힘든 산성이나 섬으로 피하라." 하고 말해 준 것뿐이야. 그렇다면 최우는 누구를 위해 최후까지 싸우겠다는 거였을까? 강화도에서 나온 화려한 청자들을 보면 의문을 풀 수 있어. 최우의 아들 최항의 무덤에서 나온 청자 동화 연문 표주박 모양 주전자는 강화도에 피란 온 이들이 얼마나 호화스럽게 생활했는지 보여 준단다. 이것은 고려청자 중에서도 명품으로 꼽혀.

사실 몽골군이 강화도까지 오지 않았으니 이들은 싸울 필요도 없었어. 물길을 통해 백성들한테서 세금을 거둬들이는 일은 여전했고 말이야. 최우와 무신 정권은 개경에 있을 때와 마찬가지로 강화도에서도 잘 먹고 잘 살았어. 하지만 백성들은 죽을 맛이었어. 몽골이 고려 조정을 육지로 끌어내기 위해 한반도 곳곳을 무차별 공격하기 시작했거든. 고려의 정예군은 강화도에서 최씨 정권을 보호하고 있었으니 백성들은 스스로를 지켜야 했지.

전쟁 중에도 귀족들은 이런 고급 청자를 사용하며 호화롭게 살았다니…….

청자 동화 연문 표주박 모양 주전자

　처인성(지금의 경기도 용인시)의 백성들도 마찬가지였어. 그중에 승려인 김윤후도 있었어. 김윤후는 천여 명밖에 되지 않는 백성들과 함께 처인성에서 몽골군에 맞서 싸웠어. 김윤후의 화살이 몽골 군대의 총사령관인 사르타이를 맞히자 몽골군이 크게 흐트러졌어. 김윤후와 백성들은 몽골군을 공격하여 큰 승리를 거두었고 몽골군은 후퇴할 수밖에 없었단다. 이것을 '처인성 전투'(1232년)라고 해.

　군인들이 아닌 백성들이 세계 최강의 몽골군을 물리친 것은 기적 같은 일이야. 당연히 처인성 전투와 같이 승리를 거둔 경우는 드물었어. 물러갔던 몽골군은 다시 쳐들어오고, 대부분의 백성들은 몽골군의 공격에 꼼짝없이 당할 수밖에 없었단다.

삼별초의 두 얼굴

몽골군이 수십 년 동안 전 국토를 짓밟자 강화도의 무신 정권도 더 이상 버틸 수 없는 상황이 되었어. 국토가 결딴나고 백성들이 살기 힘드니 세금을 더 이상 제대로 거둘 수 없었거든. 무신 정권과 왕실에 대한 백성들의 반발도 심해졌어. 결국 최씨 정권은 무너졌지만 권력은 여전히 무신들의 손에 있었어. 최씨 정권 붕괴 직후인 1259년에 고려의 태자였던 원종은 몽골과 화친을 맺어. 그리고 1270년, 강화도에서 개경으로 돌아왔지. 몽골과의 전쟁이 시작된 지 40년 만의 일이었어. 이때 비로소 무신 정권이 막을 내리고 국왕이 권력을 되찾게 되었단다. 무신의 난이 일어나고 딱 100년 만의 일이었지. 무신 정권이 무너지고 왕이 다시 권력의 중심에 서긴 했지만, 이때부터 원의 간섭이 시작되었어.

하지만 아직 모든 일이 끝난 게 아니었어. 고려의 정예 부대였던 삼별초가 개경으로 돌아가는 것을 거부하고 몽골과 끝까지 싸울 것을 주장하며 반란을 일으켰거든.

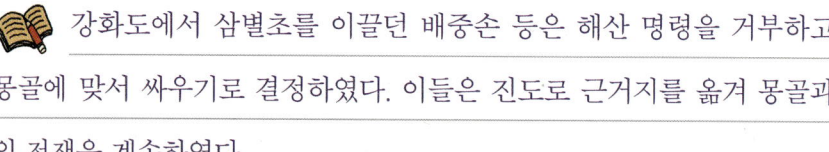 강화도에서 삼별초를 이끌던 배중손 등은 해산 명령을 거부하고 몽골에 맞서 싸우기로 결정하였다. 이들은 진도로 근거지를 옮겨 몽골과의 전쟁을 계속하였다.

오, 역시 '최후에 남은 한 사람까지 싸운다.'는 군인 정신이 살아 있었던 것일까? 그런데 이것도 좀 이상해. 지금까지 삼별초는 대부

분 강화도에만 머물면서 무신 정권을 호위하는 일을 했기 때문에 몽골군과 싸운 일이 별로 없었거든. 그렇다면 이들이 뒤늦게 싸우겠다고 나선 이유는 뭘까?

사실 백성들은 무신 정권을 지키는 삼별초를 별로 좋아하지 않았어. 백성들은 몽골군에게 죽어 가고 있는데 그들은 강화도에서 좋은 대접을 받으면서 최씨 집안 사람들이나 지키고 있었으니까. 그리고 무신 정권이 몽골에 끝까지 저항했기 때문에 몽골도 삼별초를 가만두지 않겠다고 벼르고 있었지. 그러니 삼별초가 이대로 개경으로 돌아간다면 도저히 살아남을 자신이 없었던 거야. 강화도에서 더 이상 머물기 어려워진 삼별초는 진도로 근거지를 옮겨 몽골과 고려 정부에 계속 맞섰단다.

그런데 여기서 또 한 번의 반전이 일어나. 진도와 그 주변 지역의 백성들이 삼별초의 싸움에 호응하고 나선 거야. 그만큼 몽골에 대한 반감이 컸던 거지. 백성들의 지지를 받은 삼별초는 고려와 몽골 연합군에 맞서 용감하게 싸웠어. 처음에는 진도뿐 아니라 남해안의 여

러 지역까지 세력을 뻗치다가 고려와 몽골 연합군의 대대적인 공격을 이겨 내지 못하고 제주도로 옮겨서 저항을 이어 갔단다. 삼별초는 끝까지 저항했지만 결국 싸움을 시작한 지 4년 만에 완전히 패배하고 말아.

삼별초는 무신 정권의 호위 부대일 뿐이었을까, 아니면 진정으로 몽골과 항쟁을 벌인 군대였을까? 글쎄, 어쩌면 둘 다였다고 볼 수 있어. 처음에는 자신들이 살기 위해 항쟁을 시작했지만 백성들의 지지를 받으면서 몽골에 맞서는 진짜 저항 세력이 된 것이니까 말이야.

 **쿠빌라이 칸과 고려 태자의 만남**

고려와 몽골의 전쟁이 40년간이나 지속되는 동안 몽골의 내부 사정도 복잡하게 전개되었어. 고려와의 전쟁 기간이 길어지면서 그사이에 몽골의 칸(황제)들이 죽었는데, 그때마다 권력 싸움이 벌어졌거든. 최씨 정권 붕괴 후 몽골과 화친을 맺기 위해 고려 태자였던 원종이 몽골을 찾았을 때 몽골은 왕위 계승을 둘러싸고 칭기즈 칸의 아들인 쿠빌라이와 아리크부카가 싸우고 있었어. 누구에게 가야 할지 고심하던 태자가 쿠빌라이를 찾아가자 쿠빌라이는 '이는 내가 왕위를 물려받게 될 징조'라며 크게 기뻐했지. 마침내 왕위에 오른 쿠빌라이는 특별히 고려가 고유 풍속을 그대로 유지할 수 있도록 허락했어. 원래 몽골은 점령한 나라의 풍속을 몽골식으로 바꿔 버렸는데 말이야.

황제국에서 부마국으로

드디어 전쟁은 끝나고 고려는 몽골의 지배를 받게 되었어. 아 참, 이제 몽골이 아니라 원나라야. 1271년 쿠빌라이가 황제에 오른 뒤 나라 이름을 '원'으로 바꾸었거든.

> 고려 조정이 강화도에서 개경으로 돌아온 후, 고려는 원의 간섭을 받게 되었다. 원은 고려에 그들의 관청을 설치하고 고려의 왕세자를 인질로 삼아 원나라로 데려가는 등 고려의 정치에 간섭하였다.

이때부터 고려의 역사를 '원 간섭기'(원나라의 간섭을 받은 시기)라고 불러. 직접 지배하는 대신 사사건건 간섭했다고 해서 붙인 이름이지. 게다가 단순한 간섭이 아니야. 고려의 북쪽 영토 일부가 원나라의 지배를 받았고, 중국의 황제와 동등하게 군림했던 고려 왕들은 이제 이름 앞에 '충(忠)'자를 붙여 충렬왕, 충선왕, 충숙왕 같은 이름을 갖게 되었어. 원나라에 충성을 다하는 왕이라는 뜻이지.

원나라에 인질로 간 고려의 왕세자는 그곳의 공주와 결혼했어. 황제의 나라에서 사위의 나라로 나라의 격이 떨어진 셈이야. 아무리 왕이라 해도 원나라 조정의 마음에 들지 않으면 물러나야 했지. 또 해마다 금, 은, 인삼뿐 아니라 결혼하지 않은 젊은 여성들을 원나라에 바쳐야 했어. 이 때문에 고려에 일찍 결혼하는 풍습이 생기기도 했단다.

경천사지 십층석탑 고려 충목왕 때 원나라 영향을 받아 만들어진 대리석탑으로, 높이가 13미터에 달한다. 고려 후기의 대표적인 탑이다.

원 간섭기의 고려 조정에는 '친원파'들이 생겨났어. 고려 관리 가운데 친원파가 아닌 사람이 없을 정도였지. 이들은 원나라를 등에 업고 권력을 잡았어. 이렇게 해서 원 간섭기에 부와 권력을 잡은 사람들을 '권문세족'이라고 불러. 권문세족 가문의 뿌리를 거슬러 올라가 보면, 예전에 문벌 귀족이었던 사람들의 후손도 있었고, 무신 세력의 후손도 있었고, 원 간섭기에 새롭게 떠오른 세력들도 있었어.

권력을 잡은 권문세족은 재산을 모으기 시작했어. 이들은 농민들의 땅을 빼앗아 대농장을 만들고, 빚을 갚지 못하는 농민들을 노비로 삼았단다. 권문세족은 세금도 내지 않았어. 그 탓에 농민들이 내야 하는 세금은 더욱 늘어나서 자기 땅을 권문세족에게 스스로 바치고 노비가 되는 농민들도 생겨났지. 원의 간섭 기간이 길어질수록 잘못된 것들을 바로잡기 힘들어졌고, 권문세족의 횡포는 나날이 심해졌어. 백성들의 불만도 늘어 갈 수밖에 없었지.

다음 중 고려의 원 간섭기에 이루어진 일이 아닌 것은?

① 원나라의 간섭은 심했지만 고려의 영토는 완전히 지킬 수 있었다.
② 고려의 왕세자는 인질로 원나라에 머물면서 원나라의 공주와 결혼해야 했다.
③ 금은뿐 아니라 결혼하지 않은 젊은 여성을 원나라에 바쳐야 했다.
④ 원나라를 등에 업은 권문세족이 권력을 잡았다.

정답 | ①번. 원나라는 고려 북쪽의 일부 영토를 빼앗아 갔어.

아쉽다, 공민왕의 개혁 실패

이 무렵 공민왕이 혜성같이 등장했어. 어떻게? 이렇게!

> 인질로 원에 있다가 고려로 돌아온 공민왕은 몽골식 옷을 벗어 버리고 고려의 옷으로 갈아입었으며, 당시 유행하던 몽골식 풍습을 버리고 고려의 전통을 되살리는 일에 앞장섰다. 또한 원이 빼앗은 우리 땅을 되찾아 나라의 힘을 다시 키우고자 노력하였다.

가만, 그러면 원나라가 가만히 있었을까? 그럴 리가! 원나라는 공민왕을 폐하고 새로운 왕을 세우려고 했어. 하지만 공민왕은 끄떡하지 않고 개혁을 계속 밀고 나갔지. 이 당시 원나라는 예전의 원나라가 아니었거든. 계속되는 권력 다툼으로 힘이 약해져 있었지. 중국에서는 명나라가 새롭게 떠오르고 있었어. 원나라에서 오래 생활한 공민왕은 이 사실을 정확히 알고 있었어.

공민왕은 원나라의 간섭에서 벗어나기 위해 친원파 권문세족들을 제거하기 시작했어. 이들은 원나라를 등에 업고 개혁을 방해했을 뿐 아니라, 많은 재산을 가졌는데도 세금을 내지 않아 나라 살림에 걸림돌이 되었거든. 물론 이들의 저항도 만만찮았지. 게다가 공민왕이 사랑하던 왕비인 노국 공주가 죽으면서 개혁은 힘이 빠지게 되었어. 노국 공주는 원나라 사람이었지만 언제나 공민왕을 지지하고 도와주었거든. 원나라가 간섭할 때면 든든한 바람막이가 되어 주었고 말이야.

이후 공민왕은 자신은 정치에서 한발 물러나는 대신 신돈이라는 승려를 뽑았어. 그리고 신돈에게 강력한 권한을 주고 개혁을 추진하도록 했지. 신돈은 뛰어난 능력을 가진 데다 권문세족들과 어떤 관련도 없는 참신한 인물이었거든. 신돈은 권문세족들이 빼앗은 토지를 원래 주인에게 돌려주고 억울하게 노비가 된 사람들을 해방시켰단다. 백성들은 성인이 나타났다며 신돈을 따랐지.

궁지에 몰린 권문세족들은 신돈과 공민왕 사이를 끊임없이 이간질하기 시작했어. 마침 신돈의 세력이 너무 커지는 것이 부담스러웠던 공민왕은 끝내 신돈을 죽이고 말아. 권문세족의 횡포는 다시 심해졌고, 중국의 반란 세력인 홍건적(붉은 수건을 두른 도적이라는 뜻으로, 원나라에 반기를 든 한족 무리)과 일본의 해적 왜구가 고려를 자주 침략하면서 나라 사정도 어려워졌어. 결국 노국 공주가 죽은 후 정치에 관심을 잃은 공민왕이 비참하게 살해되는 일이 벌어지자(1374년),

이로써 고려의 개혁도 막을 내리게 된단다.

공민왕의 개혁은 실패했지만 고려에는 개혁을 원하는 새로운 세력이 등장해서 권문세족을 비판했지. 마치 신라 말에 지방 호족들이 세력을 키운 것처럼 말이야. 고려 말의 신진 세력들은 신라 말의 호족과 달리 무력 대신 새로운 학문으로 무장했어. 명분과 의리를 중시하는 유학인 성리학으로 말이지. 이들을 '신진 사대부'라고 해.

여기에 홍건적과 왜구를 무찌르면서 백성들의 인기를 한 몸에 얻은 새로운 무인들이 등장했어. 그 대표 인물이 바로 최영과 이성계야. 개경의 명문가에서 태어난 최영은 뛰어난 장수이면서 권문세족의 입장을 따르고 있었어. 반면 동북쪽 변방 출신의 이성계는 신진 사대부와 힘을 합쳐 새로운 나라를 만들고자 했단다. 이제 500년 역사의 고려도 종말을 고할 때가 점점 다가오고 있었어.

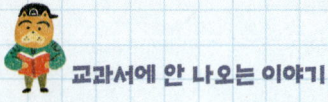
교과서에 안 나오는 이야기

하늘의 노국 공주에게 보내는 공민왕의 편지

노국 공주의 죽음으로 슬픔에 빠진 공민왕은 개혁 정책도 뒷전으로 미루고 슬픔에 잠겨 있었어.
그때 공민왕은 노국 공주를 그리며 이런 편지를 썼을지도 몰라.

부다시리에게

오랜만에 불러 보는 이름이구려. 신하들은 당신을 인덕태후라 부르고, 원나라에서는 노국대장공주라는 시호를 주었지만, 당신의 원래 이름은 부다시리였소. 이 이름을 내게 알려 주던 날, 당신이 보였던 환한 웃음을 난 잊을 수 없소. 원나라에서 우리가 처음 만나던 날도 그랬지. 수만 리 떨어진 고려에서부터 볼모로 온 작은 나라의 왕자인 나에게 보내 준 당신의 따뜻한 눈길은 내 마음을 녹였다오. 혼례를 올리고 당신과 함께 보낸 16년은 나에게 정말 꿈만 같던 시간이었소.

기억하오? 내가 고려로 돌아오자마자 조정에서 원나라의 복장을 금지했을 때, 원나라에서 화를 내자 당신은 나를 위해 변명을 해 주었소. 그러면서 나에게 말했지. 당신은 이미 나의 여자고, 고려의 여자라고. 그 10년 뒤, 당신은 나의 목숨까지 구해 주었소. 내가 흥왕사에 머물고 있을 때 반란의 무리들은 내 방까지 들이닥쳤고, 나는 겨우 어마마마 방으로 피해 담요를 뒤집어쓰고 숨어 있었소. 그곳까지 들이닥친 역적들을 당신은 호통을 쳐서 쫓아냈지. 당신이 아니었으면 난 그때 반란군의 손에 꼼짝없이 죽고 말았을 거요.

당신이 아이를 가졌을 때 내가 얼마나 기뻐했는지……. 나는 오직 당신이 순산하기만을 기원했소. 당신이 아이를 낳다가 위독해지자 사형수까지 풀어 주며 부처님께 그토록 간절히 당신의 건강을 빌었건만, 결국 당신은 저세상 사람이 되고 말았소.

당신이 떠나고 나니, 정말 살고 싶은 생각이 전혀 들지 않소. 사흘 동안 물 한 모금 마시지 않고 당신을 따라가기만 바랐지. 내 손으로 당신의 초상화를 그려서 방에 붙여 놓고 바라보며 밤낮으로 울기만 했소. 사람들은 내가 미쳤다고 수군대더군. 그렇소, 나는 당신을 볼 수 없으니 정말 미칠 것만 같소. 오늘 밤에는 내 꿈에라도 나타나 주지 않으려오? 언젠가 내가 고려의 개혁을 마무리하고 당신 곁으로 가는 날까지, 부디 저승에서 나를 기다려 주시오.

그 전에 나는 할 일이 있소. 정성을 다해 당신의 무덤을 만들고, 당신의 명복을 비는 사찰을 짓는 것이오. 고려에서 가장 크고 아름다운 무덤과 사찰이 될 것이오. 만일 저승에서 이것들을 본다면, 당신을 향한 내 마음이라 여겨 주오.

당신을 영원히 사랑하는 남편이

역사 현장 답사

강화도에서 고려 역사 찾기! 고려궁지, 홍릉, 선원사지

홍릉

　예전에 청동기 시대 현장을 답사할 때 강화도에 왔던 것 기억하지? 그때는 강화역사박물관과 고인돌공원을 둘러보았는데, 오늘은 강화도에 있는 고려 시대 유적지를 살펴볼 거야. 우선 가야 할 곳은 아까 잠시 살펴본 고려궁지. 비록 지금 이곳에 고려 시대 건물은 남아 있지 않지만, 궁지의 규모를 보면서 당시 상황을 상상해 보는 것은 어떨까? 조선 시대에 귀한 책을 보관했던 외규장각 건물이 고려궁지 안에 복원되어 있으니 그것도 놓치지 말 것!

　고려궁지에서 서쪽으로 5킬로미터쯤 떨어진 곳에는 고려 고종이 잠들어 있는 홍릉이 있어. 몽골이 침략하자 최우와 함께 개경에서 강화도로 온 왕이 바로 고종이지. 힘없는 허수아비 왕으로 30년 가까이 강화도에 있다가 눈을 감으면서 이곳에 묻힌 거야. 고종의 아들인 원종이 바로 쿠빌라이 칸을 찾아간 고려의 태자였어. 고종은 자신의 뜻과 상관없이 이곳에 잠들었지만, 쿠빌라이의 지원을 받은 원종은 무신 정권을 무너뜨리고 개경으로 다시 수도를 옮길 수 있었지. 물론 이때부터 원나라의 간섭이 시작되었지만 말이야.

　선원사지는 고려궁지에서 남쪽으로 5킬로미터 정도 떨어진 곳에 자리 잡은 절

터야. 고려는 몽골과의 전쟁 기간 동안 팔만대장경을 만들었는데, 그것을 여기에 보관했다고 해. 팔만대장경은 우리가 세계에 자랑할 만한 문화유산이 틀림없지만, 무신 정권이 전장에 직접 나가 싸우는 백성을 등지고 팔만대장경을 만드는 데에만 힘을 쏟았다는 것을 생각하면 씁쓸한 느낌이 들기도 해. 하지만 팔만대장경을 만들 때만큼은 모든 백성의 마음이 하나로 모아졌다는 것은 부인할 수 없는 사실이지. 지금의 선원사는 최근에 새로 생긴 절이야. 옛날의 선원사는 터만 남아 있단다. 그래도 이곳의 대장경박물관에서는 옛날 선원사의 유물들을 볼 수 있어.

고려궁지에서 시작해서 홍릉과 선원사까지 보았다면 지난번에 본 강화역사박물관을 한 번 더 둘러보는 것은 어떨까? 이곳에는 고려궁지를 비롯해 강화도 내 고려 시대 유적지에서 발견된 유물들이 전시되어 있거든. 이렇게 여러 곳을 보려면 하루해가 모자랄지도 모르니까 이번 역사 현장 답사는 평소보다 조금 더 서둘러 움직이자.

선원사지(위)와 선원사 대장경박물관(아래)

:: 알아 두기 ::

가는 길 강화시외버스터미널에서 시내버스를 타고 고려궁지 앞에서 내려 10분 정도 걸으면 고려궁지에 도착해. 홍릉과 선원사지는 고려궁지에서 각각 서쪽과 남쪽으로 5킬로미터쯤 가면 있어.

관람 소요 시간 각각 30분.

휴관일 연중무휴.

추천 코스 고려궁지를 본 후 홍릉과 선원사지까지 둘러보고, 강화역사박물관에서 마무리하면 딱 좋아.

10교시

보물섬? 보물선!
바닷속에서 건진 고려의 대외 교류사

목포 국립해양문화재연구소

> 고려는 세계를 향해 활짝 열린 나라였어. 고려의 대표 무역항인 벽란도에는 중국 송나라와 일본뿐 아니라, 멀리 동남아시아와 아라비아의 상인들까지 들어와 북적였어. 이들은 도자기, 비단, 금은보석을 싣고 세계를 누비고 다녔지. 그걸 어떻게 아느냐고? 수백 년 동안 신안 앞바다에 잠들어 있던 고려 시대 무역선에서 당시의 유물이 고스란히 발견되었거든.

오늘은 오랜만에 바닷가로 왔네. 이곳은 전라남도 목포에 있는 국립해양문화재연구소야. 여기에는 바다에서 발견된 보물들을 전시해 놓았어. 영국의 스티븐슨이 지은 『보물섬』이라는 소설을 읽어 본 적이 있니? 해적들이 보물을 숨겨 놓은 섬을 찾아 떠나는 모험 이야기야. 우리나라 바다에서도 보물이 무더기로 발견된 적이 있어. 진짜 보물섬이라도 발견되었느냐고? 아니, 보물섬이 아니라 '보물선'이었단다.

1976년 전라남도 신안군 앞바다에서 발견된 고려 시대 배에서 옛날 보물들이 쏟아져 나왔어. 국보급 청자를 포함한 도자기가 2만여 점에 이르고, 옛날 돈만 해도 800만 개나 되었대. 정말 어마어마한 규모로군. 가만, 돈이라면 해적들이 가장 좋아하는 보물 중 하나가 아니냐고? 그렇다면 혹시 이 배가 만화에서나 보던 해적선일까? 아쉽지만 땡! 이 배는 상인들이 사고팔 물건들을 가득 실은 무역선이었어. 중국의 원나라를 떠나 고려를 지나 일본으로 가는 길에 신안 앞바다에서 풍랑을 만나 침몰하고 만 거야. 그리고 600여 년 후, 대한민국의 한 어부에 의해 우연히 발견됐어. 그리고 전문적인 발굴 조사 끝에 복원되어 우리나라뿐 아니라 동아시아 전체를 떠들썩하게 만든 거란다. 여기서 나온 옛날 물건들은 값어치도 헤아릴 수 없이 크지만, 그 당시 고려가 주변 나라들과 교류했던 역사를 생생히 보여 주는 것이기도 했어.

신안 앞바다의 무역선에서 발견된 유물이 얼마나 대단했던지 나라에서는 이 유물들을 전시하기 위해 신안 근처 목포에 국립해양문화재연구소를 만들었어. 그리고 여기에 신안뿐 아니라 우리나라 곳곳에서 발굴된 해양 유물들을 전시했지. 아마 고려 시대의 대외 관계를 살펴보기에 이보다 더 좋은 곳은 없을 거야. 그중에서도 '신안선실'을 집중적으로 둘러보면서 이야기해 보자.

아라비아 상인, 코리아를 알리다!

전시실에 들어서니 중앙에 놓인 거대한 배가 눈길을 끄는구나! 비록 앙상한 뼈대에 거무튀튀하고 낡은 선체 일부만 남아 있지만 말이야. 이것이 바로 그 유명한 신안선이야. 1323년에 침몰하여 수백 년 동안 바닷속에 잠들어 있던 배를 꺼내 45퍼센트쯤 복원한 거란다.

복원된 신안선

　우선 배의 크기를 한번 가늠해 볼까? 언뜻 보기에도 수십 미터가 넘어 보이네. 길이 34미터, 너비 11미터에 무게가 260톤에 이른대. 짐도 150톤까지 실을 수 있고. 당시로서는 아주 큰 무역선이었던 거야. 그 옛날에도 이렇게 큰 배가 많은 물건을 싣고 나라와 나라 사이의 먼 거리를 오갔다니 놀랍지 않니? 신안선은 원나라와 무역하던 배지만 고려의 내외 무역은 이미 송나라 때부터 활발하게 이루어졌단다.

　📖 고려 시대에는 외국과의 무역 활동이 활발하게 이루어졌다. 고려는 송과 가장 많은 무역을 하였는데, 무역품은 매우 다양했다. 송의 상인들은 비단, 약재, 서적, 자기, 차 등을 주로 팔았고, 고려는 송에 금, 은, 나전 칠기, 화문석, 인삼, 먹 등을 수출하였다.

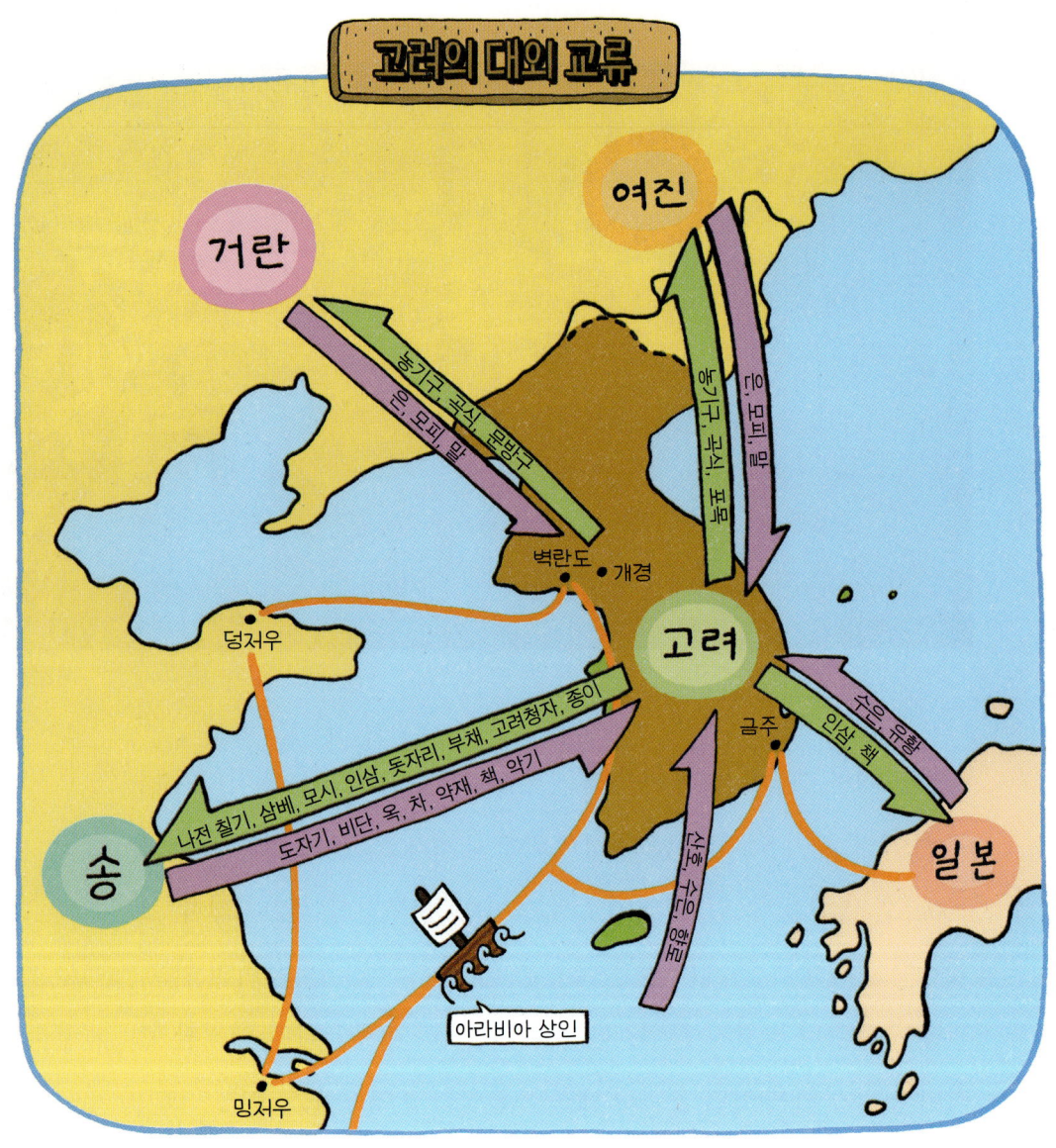

송나라 때의 무역은 위의 지도를 보면서 이야기해 보자. 고려를 중심으로 사방으로 뻗은 화살표들을 보니 고려의 대외 교류가 무척 활발했다는 것을 짐작할 수 있겠지? 그중에서도 중국 송나라와

의 교류가 가장 활발했어. 고려는 송나라의 앞선 문물을 받아들이길 원했고, 송나라는 고려와 손을 잡고 거란족의 요나라나 여진족의 금나라를 견제하고 싶어 했거든. 서로의 이해관계가 맞아떨어진 거지. 송나라는 고려 상인들을 특별하게 대우해서 세금을 깎아주기도 하고, 상인이나 사신들이 머무르는 고려정이나 고려관 같은 편의 시설을 만들기도 했대.

송나라는 상업과 무역이 크게 발달한 나라였어. 세계 최초로 지폐를 발행한 나라기도 했지. 무거운 동전이나 금은을 가지고 다니는 것보다 가벼운 종이돈을 가지고 다니는 것이 편리했으니 상업과 무역이 더욱 발달한 거지.

지도 왼쪽에 있는 덩저우와 밍저우는 중국의 유명한 항구 도시였어. 덩저우와 밍저우에서 출발한 배는 고려의 대표 무역항인 벽란도로 들어왔어.

고려의 국제 무역항은 개경 근처의 예성강 하구에 자리한 벽란도였다. 벽란도는 송, 일본, 거란, 여진과 아라비아에서 온 상인들로 언제나 붐볐다. 이들은 세계 각국에서 갖고 온 물건을 팔고, 고려의 물건을 사기 위하여 벽란도를 다녀갔다.

그런데 여기서 잠깐! 벽란도가 제주도나 거제도처럼 '~도'로 끝난다고 해서 벽란도를 섬으로 착각하기 쉬운데, 벽란도의 '도'는 섬 도(島)가 아니라 건널 도(渡)야. 물을 건너거나 배가 정박하는 나루라는 뜻이지. 예성강 입구에 있던 벽란도는 수심이 깊어서 큰 배를 대기에 편했고, 물길을 따라 연결되는 개경까지의 거리가 겨우 30리(12킬로미터)였기 때문에 고려의 관문으로 자리 잡은 거지. 벽란도에는 송나라 상인뿐 아니라 일본, 더 멀리 아라비아 상인들까지 드나들었단다. 침몰한 신안선에서 중국의 도자기를 비롯해 아라비아 상인의 주요 거래 물품인 향신료가 발견된 것은 이런 까닭이야. 특히 아라비아 상인들은 고려를 '코리아'라는 이름으로 전 세계에 알리기도 했단다. 그때부터 우리나라는 코리아라 불리게 되었던 거야.

 **전 세계를 누빈 아라비아 상인**

『아라비안나이트』에 나오는 '신드바드의 모험' 이야기를 알고 있니? 터번을 두르고 이슬람교를 믿는 신드바드라는 청년이 배를 타고 세계를 다니면서 겪는 신비한 모험담 말이야. 이건 단지 꾸며 낸 이야기만은 아니야. 신드바드처럼 아라비아 상인들은 일찍부터 배를 타고 전 세계를 다니면서 장사를 했거든. 아라비아 반도와 가까운 유럽과 아프리카는 물론, 중국, 한반도, 일본까지 안 다니는 곳이 없을 정도였지. 덕분에 세계 여러 나라의 문화들이 서로 섞이면서 발전할 수 있었단다.

국제 무역항 벽란도의 사랑 이야기

그럼 여기서 국제 무역항 벽란도의 모습을 잠시 살펴볼까?

세계 각지에서 온 배들이 즐비한 항구에서는 여러 나라 사람들이 다양한 말을 쓰면서 장사에 열을 올렸어. 팔관회 날짜가 다가오면 각국의 사절단까지 몰려들어 항구는 더욱 붐볐지. 어쩌다 아라비아 상인들이 와서 신기한 물건이라도 펼쳐 놓으면 그걸 구경하기 위해 몰려든 사람들의 모습이 마치 담벼락을 둘러친 것 같았대.

이렇게 사람들이 몰리면 도둑도 들끓게 되는 법. 벽란도에는 많은 군인이 칼과 창을 들고 삼엄하게 경비를 섰어. 도둑이나 강도를 비롯해 혹시라도 있을지 모르는 해적의 공격을 막기 위해서였지. 또한 벽란도에는 '벽란정'이라는 숙소가 있어서 외국 상인들과 사신들이 머물렀어. 벽란도라는 이름도 벽란정에서 나온 것이었대.

여러 나라에서 다양한 사람들이 몰려들었으니, 사랑 이야기가 하나쯤 생겨나는 것도 당연하지 않겠어? 『고려사』에 나오는 「예성강곡」이라는 노래의 유래가 바로 그것이야.

옛날 고려 시대에 벽란도를 찾은 송나라 상인 중에 하두강이라는 사람이 있었대. 그가 하루는 예성강변에서 아름다운 고려 여인을 보고 첫눈에 반해 버렸어. 그 여인이 누구인지 수소문을 해 보니, 아쉽게도 그녀는 벌써 결혼을 한 몸이었지 뭐야. 그런데 그 여인의 남편이 바둑을 좋아했대. 마침 하두강도 바둑을 아주 잘 두었지. 하두강은 그 남편에게 접근해 내기 바둑을 두자고 했어. 바둑이라면 사족을 못 쓰는 남편은 얼씨구나 달려들었고, 하두강은 처음 몇 판을 일부러 져 주면서 내기에 거는 돈의 액수를 계속해서 올렸지. 그러다 마지막에 더욱 큰돈을 걸고는 만약 당신이 지면 당신의 부인을 달라고 말했어. 재물에 욕심이 난 남편이 그러자고 하자, 하두강은 단박에 이겨 버리고는 여인을 데리고 가 버렸단다. 남편은 예성강 나루에서 뒤늦게 후회하는 노래를 불렀지만, 배는 이미 떠나 버린 뒤였지. 그런데 바다 한가운데에 이른 배가 꼼짝도 하지 않는 거야. 하두강이 점을 쳐 보니, '여인을 돌려보내지 않으면 배가 부서진다.'는 점괘가 나왔어. 하두강은 하는 수 없이 여인을 돌려보냈다고 해. 이때 돌아온 여인도 노래를 지어 불렀는데, 남편의 노래와 합쳐 「예성강곡」이라고 했대.

　이야기는 여기까지. 다시 진도를 나가 볼까?

고려 귀족의 송나라 명품 사랑

170쪽의 지도를 다시 보자. 고려가 송나라로부터 수입했던 품목들이 무엇이지? 비단, 옥, 차, 약재, 책, 악기 등이 있네. 여기에 세계적으로 유명한 중국의 도자기도 빼놓을 수 없겠지. 그럼 여기서 퀴즈 하나. 고려의 수입품 목록의 공통점은 무엇일까?

바로 고려 귀족들이 좋아했던 사치품이 대부분이라는 거야. 그러니까 문벌 귀족들은 거대한 저택에 살면서 중국산 비단옷을 입고, 중국차를 중국산 옥잔에 마시면서 중국 책을 보거나 중국산 악기 연주를 즐긴 거야. 그런데 고려의 귀족만 송나라 명품을 사랑한 것이 아니었어. 평민도 마찬가지였지. 고려 성종 때 최승로가 '지금은 신분이 귀하거나 천하거나 돈만 있으면 중국 비단을 입으니, 관리들만 중국 비단을 입게 하고, 평민은 거친 국산 명주만 입게 하자.'고 건의한 것을 보면 알 수 있지.

그렇다면 고려의 수출품에는 무엇무엇이 있지? 나전 칠기, 삼베, 모시, 인삼, 돗자리, 부채 등이 보이는군. 인삼은 고려를 대표하는 수출품이었어. 지금도 '고려 인삼'은 가장 품질 좋은 인삼으로 대접을 받고 있어. 그리고 고려청자와 종이도 주요 수출품이었단다. 특히 고려의 종이는 중국에서도 유명해서 좋은 종이를 보면 '고려 종이 같다.'는 말을 했대.

자, 다시 지도를 보자. 일본과의 교역 품목을 보니 송나라와는 비교가 안 될 정도로 적구나. 이때 고려는 일본과 정식으로 국교를 맺은 것이 아니어서 무역이 활발하지 않았어. 일본 상인들이 개인적

신안선의 보물들

청자 상감 운학 무늬 완(고려)

청자 상감 국화 무늬 뚜껑(고려)

청자 해치 모양 연적(고려)

청자 음각 연꽃무늬 매병(고려)

청자 상감 모란 당초 무늬 잔받침(고려)

청자 상감 국화 무늬 잔받침(고려)

청자 상감 운학 국화 나비 무늬 베개(고려)

청자 각화 모란 무늬 꽃병(중국, 원)

청자 주름 무늬 항아리(중국, 원)

청자 여인상 촛대(중국, 원)

청백자 항꽂이(중국, 원)

청백자 관음보살상(중국, 원)

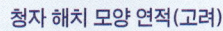

으로 수은이나 유황 등을 가져와서 인삼이나 책과 바꿔 간 거지. 고려가 송나라에서 책을 수입한 것과 마찬가지로 일본이 고려에서 책을 수입한 것이 눈에 띄는군. 중국의 선진 문물이 한반도를 거쳐 일본으로 가게 되는 것을 확인할 수 있어. 이런 것을 중계 무역이라고 하는데, 고려는 이렇게 중국과 일본을 잇는 중계 무역을 통해서 꽤 높은 수입을 올릴 수 있었단다. 고려는 한때 전쟁을 벌였던 거란, 여진과도 교역을 했어. 두 나라와는 수출하고 수입하는 품목도 비슷했네. 고려는 은, 모피, 말 등을 수입하고 거란이나 여진은 농기구와 곡식 등을 고려에서 수입했어. 지난 시간에 여진족을 설명하면서 북방 민족들은 그 나라의 기후와 땅이 농사에 적합하지 않아서 늘 고려에게 먹을 것을 구했다고 말했던 것, 기억하지?

고려는 역동적인 다문화 사회

다른 나라의 물건들은 벽란도를 거쳐 예성강을 따라 개경으로 들어왔어. 그리고 그 물건들은 궁궐 앞으로 쭉 뻗은 넓은 길을 따라 좌우에 들어선 가게들에서 팔렸지. 이 길의 이름은 남대가. 궁궐의 남쪽으로 뻗은 큰길이라는 뜻이야. 고려 궁궐 앞의 가게 중에는 다른 나라 사람이 운영하는 것도 있었단다. 여기서 물소 뿔, 상아, 산호, 비취 같은 신기한 물건들을 팔았지.

중국이 송나라에서 원나라로 바뀐 이후에도 고려의 무역은 계속됐어. 바로 신안선이 원나라 때의 무역선이었지.

당시 개경에는 수많은 외국인들이 살았어. 자연스럽게 외국의 문물이 고려에 전해졌지. 상인 혹은 원나라에서 고려로 파견된 관리 중에는 이슬람교를 믿는 사람들도 있었지. 개경에는 이들을 위한 이슬람 사원도 있었을 거야. 고려 때 유행한 노래 중에 「쌍화점」이라는 곡이 있어. '쌍화'는 만두처럼 생긴 이슬람 고유의 빵인데, 쌍화 가게 주인이 쌍화를 사러 온 고려 여인의 손목을 잡았다는 내용이야. 앞서 말한 「예성강곡」의 유래에 나오는 송나라 상인뿐 아니라 이슬람 상인들도 고려 여인들을 좋아했던 모양이군.

그러고 보니 고려는 다문화 사회였다고 말할 수 있겠네. 다양한 나라의 사람들이 다양한 문화를 가지고 모여들었으니까. 이들과 어울리면서 고려의 문화는 더욱 발달한 거야. 후삼국과 발해의 문화가 어우러진 우리 민족의 문화가 외국의 다양한 문화와 문물을 받아들이면서 더욱 풍부해진 거지.

돌발 퀴즈

고려의 대외 교류에 대한 다음 설명 중 잘못된 것은?

① 고려는 주변 국가 중 송나라와 가장 활발하게 교류했다.
② 거란과는 잦은 전쟁 때문에 교역이 이루어지지 않았다.
③ 일본과는 정식 국교가 없었지만 교역이 이루어졌다.
④ 벽란도에는 멀리 아라비아 상인들까지 드나들었다.

정답 | ②번. 거란과는 전쟁을 벌였음에도 불구하고 교역이 이루어졌어.

역사 현장 탐사

바다에서 건진 고려의 역사, 국립해양문화재연구소

복원된 달리도선

국립해양문화재연구소는 신안선에서 발견된 유물을 중심으로 수중 문화유산을 전시해 놓은 곳이야. 수중 문화유산이 뭐냐고? 이름 그대로 바다, 강, 호수, 늪지 등에 잠겨 있던 인류의 흔적을 말해. 세계를 주름잡은 노르웨이의 바이킹 선, 지금으로 치면 100조 원 정도의 보물을 싣고 침몰했다는 중국 송나라의 난하이 1호, 영화로도 제작되어 크게 인기를 끌었던 타이타닉호 등이 유명한 수중 문화유산이지. 고려 시대의 신안선 또한 어디에 내놓아도 손색없는 수중 문화유산이야. 그래서 신안선이 발견된 지점과 가까운 전라남도 목포에 국립해양문화재연구소를 마련한 거란다.

전시관은 크게 네 개의 전시실로 구성되어 있어. 제1전시실인 '고려선실'은 이름 그대로 고려 시대의 배와 거기에서 발견된 유물들을 전시한 공간이야. 청자를 운반했던 '완도선'과 서남해 바다에서 발굴된 '달리도선'이 실물과 모형으로 복원되어 있지. 청자 운반선인 '태안선'에서 발견된 사자 모양 향로와 두꺼비 모양 벼루, 곡물 운반선인 '마도 1호선'에서 발견된 다양한 곡물과 생활 도자기까지 있어서 고려 시대의 생활 모습을 생생히 볼 수 있어.

고려의 수중 문화유산이 이렇게 많은 이유는 강과 바다를 이용한 물길이 잘 발달되어 있었기 때문이야. 고려 시대에는 세금을 걷기 위해 물길을 많이 만들었거든. 이 물길을 따라 많은 배들이 다녔고, 가끔 사고가 나서 가라앉은 배들이 나중에 발견되면서 다양한 수중 문화유산들이 발굴된 거지.

신안선에서 발견된 일본 장기

신안선에서 발견된 중국 동전

태안선에서 발견된 사자 모양 향로

제2전시실은 아까 둘러본 '신안선실'이야. 중국 도자기와 고려청자 말고도 사람들이 가지고 놀던 주사위, 일본의 절 이름이 쓰인 나뭇조각 등이 전시되어 있어. 당시 동아시아의 해상 무역로를 그림으로 자세히 설명해 놓은 것도 볼거리지. 하지만 무엇보다 이곳에서 반드시 봐야 할 것은 700년 전 모습 그대로 복원해 놓은 신안선이란다.

태안선에서 발견된
청자 참외 모양 주전자

이 밖에도 조선 시대 실학자 정약전이 쓴 수중 생물 백과사전인 『자산어보』를 중심으로 어촌의 생태를 전시해 놓은 '어촌민속실', 장보고가 살던 신라 때의 무역선부터 조선 시대 이순신 장군의 거북선까지 우리 배의 역사를 볼 수 있는 '선박사실'도 있어. 아 참, 바닷소리를 듣고, 옛 등대를 보고, 반구대 암각화를 배경으로 사진을 찍을 수도 있는 '어린이해양문화체험관'도 빼먹지 말자!

:: 알아 두기 ::

가는 길 목포역이나 목포시외버스터미널에서 시내버스를 타고 해양유물전시관 정류장에서 내리면 돼.

관람 소요 시간 1시간.

휴관일 월요일.

추천 코스 1층의 신안선실과 고려선실을 먼저 보고, 지하의 어린이해양문화체험관을 둘러본 후, 시간이 있다면 2층의 선박사실과 어촌민속실까지 관람하면 좋아.

11교시

나라를 위한 과학, 백성을 위한 기술

> 안으로는 무신 정변, 밖으로는 몽골의 침략으로 바람 잘 날 없었지만, 고려의 과학과 기술은 세계 최고를 자랑했어. 도자기의 본고장인 중국에서도 수입하던 고려청자를 만들고 세계 최초의 금속 인쇄술을 발명해 냈으니 말이야. 또한 화약 무기를 개발했고, 목화로 새로운 옷감을 짜기도 했단다.

드디어 고려 시대를 공부하는 마지막 시간이야. 그래서 더욱 특별한 곳으로 왔지. 경기도 과천에 있는 국립과천과학관! 응? 이곳은 우주선과 같은 첨단 과학과 기술을 전시한 곳 아니냐고? 그래, 맞아. 그런데 이곳에는 우리 전통 과학을 살펴볼 수 있는 전통과학관도 있어. 오늘 수업의 주제가 '고려의 과학과 기술'이니 현장 수업 장소로는 여기가 그만이지. 로봇과 우주선 같은 첨단 과학 기기들은 나중에 둘러보기로 하고, 우선 전통과학관으로 직행하자고.

전통과학관의 전시는 '하늘의 과학' '땅의 과학' '생활 과학' '응용 과학' 등으로 나뉘어 있어. 이것만 들어서는 뭐가 뭔지 잘 모르겠지? 물론 걱정할 필요는 없어. 선생님만 잘 따라오라고.

📖 고려청자는 고려 시대의 대표적인 예술품이다. 도자기를 만드는 기술은 중국에서 먼저 발달하였는데, 우리나라에서는 고려 시대에 도자기를 만드는 기술이 크게 발전하였다. 중국 사람들도 고려청자의 뛰어난 기술과 아름다움에 감탄하였다.

오호, 역시 그 유명한 고려청자부터 봐야겠구나. 그렇다면 전통 과학실의 생활 과학, 그중에서도 '도자기와 가마' 코너를 찾아가야겠네.

토기에서 도자기로, 그리고 고려청자로

'도자기와 가마' 코너에서는 조상들의 토기 기술을 설명하고 있어. 우선 질문 하나. 토기는 뭐고 도자기는 뭘까? 그게 그거 아니냐고? 그렇다면 이런 질문을 했을 리가 있나! 토기는 흙을 반죽하여 그대로 구운 것이고, 도자기는 흙으로 모양을 만든 다음에 유약을 발라 구운 거야. 신석기 시대 수업 때 배웠던 빗살무늬 토기, 기억나? 거친 흙 표면이 그대로 드러나 있었지. 그런 것이 토기라면 매끈한 고려청자는 도자기의 대표라고 할 수 있어. 그런데 토기에서 도자기로 변한 것은 대단한 변화라고 해. 유약뿐 아니라 흙의 종류도 달라야 하고, 도자기는 토기보다 훨씬 높은 온도에서 구워야 했으니까. 그래서 등장한 것이 바로 도자기를 구워 내는 시설인 가마야. 처음에 가마는 땅을 파서 만들었지만, 나중에는 땅 위에 가마를 만들었어. 가마가 생기고부터 장작 위에다 그냥 굽는 것과는 비교할 수 없이 높은 온도를 낼 수 있게 되었지.

우리나라에서 처음으로 도자기를 생산한 때는 통일 신라 무렵이야. 이때 중국에서 들여온 도자기 기술로 청자를 구워 내기 시작했단다. 그러다가 고려 시대에 와서 우리의 청자는 도자기의 원조 국가인 중국에서 인정할 정도로 뛰어난 가치를 지니게 되었어.

📖 고려 사람들은 독특한 상감 기법으로 청자를 만들었다. 청자의 표면에 그림을 그려서 파낸 자리에 다른 흙을 메우고 유약을 발라 구웠는데, 이를 '상감 청자'라고 하였다.

고려청자는 특히 상감 청자로 유명해. 상감 청자를 만드는 과정의 핵심은 아직 굽지 않은 그릇에 무늬를 새기고, 그 자리에 다른 색의 흙을 채워 넣는 거야. 이걸 바로 '상감 기법'이라고 불렀어. 보통은 황토색 흙으로 만든 그릇에 흰색의 흙을 채워 넣는단다. 이 상감 기법 덕분에 고려청자는 독특한 아름다움을 갖게 되었지.

고려청자의 또 다른 특징은 이것이 예술품인 동시에 생활용품이었다는 점이야. 통일 신라의 도자기만 해도 무덤에 넣는 것과 일상생활에서 쓰이는 것이 달랐어. 보통 무덤에 넣는 것은 쓸모보다는 아름다움이 강조되었고, 일상에서 쓰는 것은 실용적인 그릇이 많았지. 그런데 고려청자는 예술

중국인도 반한 고려 청자 최고!

품이기도 하지만 실제로 물이나 술을 담아서 사용했어. 청자로 음식을 보관하는 항아리, 주전자, 찻잔, 접시뿐 아니라 베개, 기와, 의자, 바둑판 같은 생활용품도 만들어 썼어. 물론 귀족들이 주로 사용했지만 말이야.

그럼 도자기에 이름 붙이는 방법을 알아볼까? 도자기에 이름을 붙이는 과정은 크게 네 단계로 나뉘어. 우선 청자인지 백자인지를 밝혀 줘. 두 번째로는 기법을 밝히고, 세 번째는 그릇에 새긴 무늬 이름을 밝히고, 마지막으로 그릇 모양과 쓰임새를 밝히면 돼. 기법이란 무늬를 새기는 방법을 말하는데, 무늬가 겉으로 도드라지도록 새긴 양각, 무늬가 안으로 들어가도록 새긴 음각, 음각 부분에 다른 색의 흙을 넣는 상감 등이 있어. 그래도 무슨 말인지 헷갈린다고? 그럼 직접 해 볼까? 옆의 도자기를 보자. 일단 파란색이니 1단계는 '청자'. 상감 기법으로 무늬를 새겼으니 2단계는 '상감'. 아이가 포도 덩굴을 잡고 놀고 있는 무늬가 새겨져 있으니 3단계는 '포도 동자 무늬'. 모양을 보니 조롱박을 닮았고 쓰임새를 보니 주전자로구나. 4단계는 '조롱박 모양 주전자'. 그래서 이 도자기의 이름은 '청자 상감 포도 동자 무늬 조롱박 모양 주전자'란다.

청자 상감 포도 동자 무늬 조롱박 모양 주전자

상감 청자 만들기

1. 흙에 물을 섞어 반죽한다.

2. 물레를 이용하여 그릇의 모양을 만든다.

3. 무늬를 새기고 그 자리에 다른 색의 흙을 채워 넣는다.

4. **초벌구이** 그늘에서 말린 후 가마에서 굽는다.

5. 유약을 바른다.

6. **마침구이** 더 높은 온도에서 굽는다.

목판 인쇄에서 금속 활자로

고려청자와 함께 고려의 과학 기술을 대표하는 것은 금속 활자야.

📖 고려는 목판 인쇄술을 바탕으로 세계 최초의 금속 활자 인쇄술을 발명하였다. 금속 활자를 만든 후에는 여러 활자를 조합하여 원하는 문장을 만들어 종이에 찍고, 여러 종류의 책을 만들 수 있게 되었다. 고려는 서양보다 앞서 금속 활자로 책을 인쇄하였지만, 그때 인쇄된 책은 오늘날까지 전해지지 않는다. 현재 남아 있는 가장 오래된 금속 활자본은 『직지심체요절』이다.

전통 인쇄에 대한 전시를 보려면 전통과학관의 '인쇄 기술' 코너로 가야 해. 저기 목판과 금속 활자판이 보이네. 목판은 하나의 나무판에 여러 글자를 새겨 넣은 거야. 목판이 발명되기 전에는 책을 만들려면 무조건 사람이 손으로 글자를 써야 했어. 그러니 글자를 한 번 새겨 넣으면 여러 번 찍을 수 있는 목판의 발명은 획기적인 사건이었지. 우리나라의 목판 인쇄는 7세기 무렵 삼국 시대에 시작되었다고 하는데, 지금까지 발견된 가장 오래된 목판 인쇄물은 8세기 초에 제작된 『무구 정광 대다라니경』이야. 경주 불국사의 석가탑에서 발견되었는데, 세계에서 가장 오래된 목판 인쇄물이란다.

하지만 목판이 마냥 좋기만 한 것은 아니었어. 글자를 새기는 과정이 복잡하고 시간이 오래 걸릴 뿐 아니라 글자를 새기다가 틀리면 고치기 어렵고, 나무판이라 보관하기도 어려우며, 새겨 놓은 글

비교! 목판과 금속 활자판

목판(『반야심경』, 조선 시대) 복제품

금속 활자판(『월인천강지곡』, 조선 시대) 복제품

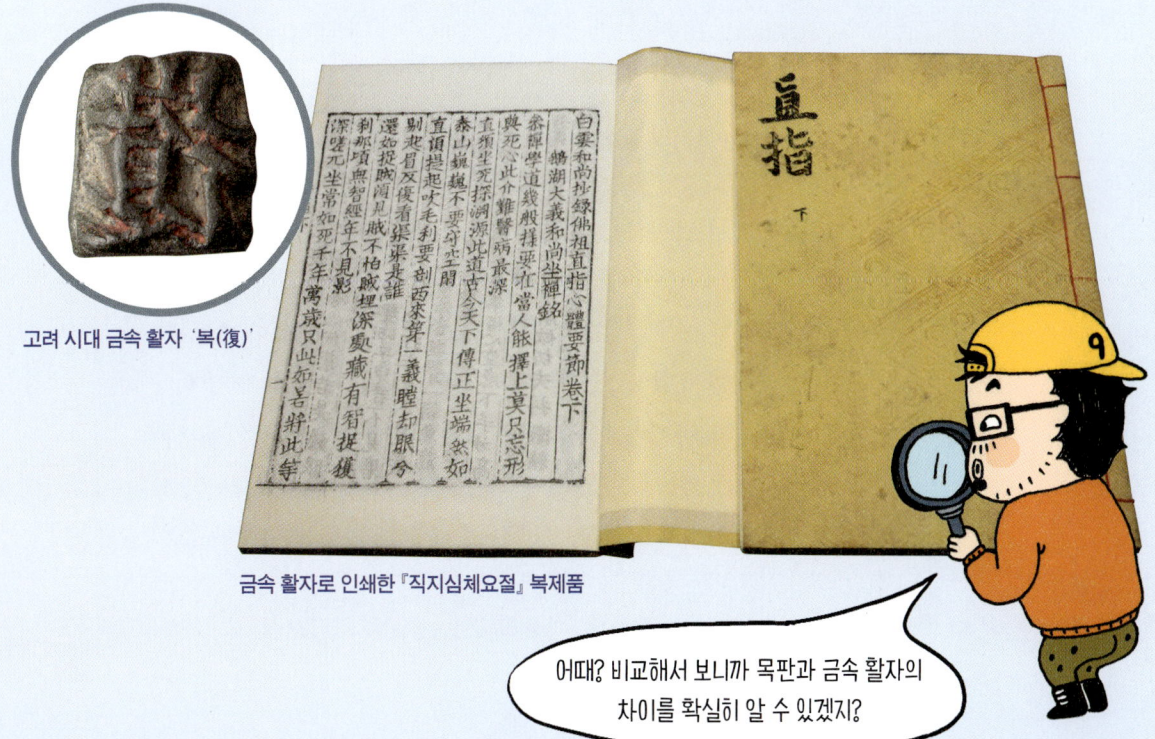

고려 시대 금속 활자 '복(復)'

금속 활자로 인쇄한 『직지심체요절』 복제품

어때? 비교해서 보니까 목판과 금속 활자의 차이를 확실히 알 수 있겠지?

자를 다른 책에는 쓰지 못한다는 것 등이 단점이었지. 이걸 해결하기 위해 고려 시대에 등장한 것이 바로 금속 활자야. 하나의 커다란 판에 여러 글자를 한꺼번에 새기는 대신, 금속으로 만든 활자 하나하나를 모아서 판을 짜는 방식이지.

말로만 들으니까 좀 헷갈린다고? 189쪽에 있는 목판과 금속판을 비교해 보면 확실히 알 수 있을 거야. 금속 활자는 오래 보관하기도 쉽고, 틀려도 한 글자만 다시 만들면 되니까 수정하기도 쉽고, 이미 쓴 활자를 다른 책에 다시 쓸 수도 있어서 편리했단다. 지금까지 남아 있는 세계에서 가장 오래된 금속 활자 인쇄물은 고려 시대에 만들어진 『직지심체요절』이야. 1377년에 청주 흥덕사에서 인쇄되었지. 이 책은 지금 프랑스에 있는데, 조선 말기에 조선에 파견된 프랑스 외교관이 고서점에서 구입해 자기네 나라로 가져간 거래.

고려의 금속 활자 대 구텐베르크의 금속 활자

『직지심체요절』이 발견되기 전까지 세계에서 가장 오래된 금속 활자로 인쇄된 책은 독일의 구텐베르크가 1455년에 찍어 낸 『성경』이었어. 그런데 『직지심체요절』이 『성경』보다 70여 년이나 앞선다는 사실이 밝혀지면서 그 자리를 넘겨 주었지. 그런데 둘 사이에는 결정적인 차이가 있어. 구텐베르크의 『성경』이 대량으로 인쇄되면서 유럽의 역사, 아니 인류의 역사를 바꾸어 놓은 반면에, 『직지심체요절』은 큰 영향을 주지 못했다는 것. 가장 먼저 금속 활자를 발명하고도 제대로 활용하지 못한 것 같아 참 아쉬워.

최무선, 백성을 위해 화포를 쏘다!

인류 역사상 최초로 화약을 발명한 사람은 중국인이었어. 고려 시대에 화약이 수입되었지만 그 제조 방법은 철저히 비밀이었지. 고려 말 무신이었던 최무선은 화약을 만들기 위해 20년이나 노력했어. 그리고 마침내 벽란도를 통해 들어온 중국 상인에게서 그 제조 방법을 알아내 화약을 만드는 데 성공했지. 왜 최무선은 그토록 화약을 만들고 싶어 했을까?

고려 말에는 왜구가 자주 쳐들어와 많은 백성이 피해를 입었다. 최무선은 왜구의 침략 수단인 배를 부수고 왜구를 물리치려면 강력한 무기가 필요하다고 생각하였다. 그는 오랜 노력 끝에 화약의 제조 방법을 알아내어 화약을 만들었다.

그런데 여기서 궁금증 하나. 왜구가 얼마나 강했기에 당시로서는 첨단 무기의 재료였던 화약이 필요했을까? 당시 왜구들은 군대 못지않았어. 그 수가 많을 때면 수백 척의 배를 타고 와서 수만 석의 곡식을 빼앗아 가기도 했지. 그러니 왜구를 효과적으로 물리치기 위해서는 화약이 꼭 필요했어. 왜구들은 화약 무기를 가지고 있지 않았거든.

최무선은 나라에 건의하여 '화통도감'이라는 관청을 설치하고 여러 가지 화포(대포)들을 만들어 왜구를 무찌르는 데 힘썼대. 화포를 이용해서 왜구의 배를 불사르기도 하고, 왜구의 근거지였던

화약을 이용한 전통 무기들

조선 시대 세종 때 만들었던 비밀 병기인 신기전도 최무선의 화약 무기를 개량해서 만든 거야~

대마도(쓰시마 섬)를 공격하기도 했단다.

전통과학관에도 '화약 무기' 코너가 있어. 실제 무기들이 전시된 것은 아니지만 모니터와 모형물을 통해 옛날 화약 무기들을 살펴볼 수 있단다. 아쉽지만 여기 전시된 무기들은 모두 조선 시대 것들이야. 고려 시대 무기들은 남아 있는 것이 거의 없거든. 하지만 조선의 무기들은 고려의 것을 이어서 발전시킨 것이니까 같이 살펴보면서 고려 시대 무기들을 상상해 보기로 하자. 이 중에서 화차는 최무선이 만든 화약 무기인 '주화'를 개량해서 만든 거래. 수레 위에 수십 발의 화살이나 총알을 발사할 수 있는 장치를 달아 놓은 것이지. 여기에 불을 붙이면 화살과 총알이 한꺼번에 적진으로 날아갔단다.

다음은 현자총통. 마치 대포처럼 생겼는데, 여기에 쇠구슬 100개를 한꺼번에 넣고 발사했어. 이 쇠구슬은 약 2킬로미터까지 날아갔다는구나. 현자총통은 조선 시대 수군의 주력 무기로, 임진왜란 때 왜군을 물리치는 데 큰 역할을 했단다. 그런데 고려 시대의 화포는 쇠구슬이 아니라 큰 화살을 발사했대. 이것만으로도 왜구를 무찌르는 데 많은 도움이 되었어.

이름도 멋진 비격진천뢰는 일종의 시한폭탄이야. 큰 쇠구슬 안에 화약과 철 조각을 넣고 발사하면 떨어진 후에 폭발하는 방식이었지. 하지만 이렇게 터지는 폭탄은 조선 시대에 들어와서 발명된 거야. 고려 시대의 폭탄은 아직 무쇠 덩어리(철환)였거든. 그렇다고 얕보면 안 돼! 이게 날아가서 적의 배에 구멍을 내거나 성벽을 무너뜨리는 것쯤은 식은 죽 먹기였으니까 말이야.

문익점은 밀수꾼이 아니었다?

혹시 이런 이야기 들어 봤니? 고려 말에 문익점이 중국에서 목화씨를 붓두껍 속에 몰래 숨겨서 가져온 덕분에 우리가 목화로 만든 무명옷을 입게 되었다는 이야기. 당시 목화는 아주 귀한 식물이어서 중국에서 가지고 나가는 것을 엄격히 금지했기 때문이라면서 말이야. 지금도 많은 사람들이 이렇게 알고 있어. 만약 그렇다면 문익점은 밀수꾼이 되는 셈이네?

하지만 이 이야기는 사실이 아닐지도 몰라. 고려 말에 원나라에 사신으로 갔던 문익점이 고려에 목화씨를 가지고 온 것은 분명하지만, 붓두껍 속에 몰래 숨겨 왔다는 기록은 어디에도 찾을 수 없거든. 사실 문익점이 목화씨를 몰래 가져왔느냐 아니냐 하는 것은 별로 중요하지 않아. 중요한 것은 그가 목화씨를 가져왔고, 그것을 심어 열심히 가꾸어서 널리 퍼뜨렸다는 사실이야. 덕분에 우리가 따뜻한 옷을 입게 되었으니까 말이야.

그런데 목화씨랑 따뜻한 옷이랑 무슨 상관이냐고? 목화 열매가 익으면 벌어지면서 그 속에서 희고 보드라운 털이 나오는데 이걸 목화솜이라고 해. 솜을 옷감이나 이불 속에 넣으면 겨울에도 따뜻하지. 더구나 목화솜에서 뽑은 실로 짠 면(무명)은 땀을 잘 흡수하고, 질기면서도 보온 효과가 뛰어나. 그렇다면 목화가 들어오기 전에 고려 사람들은 어떤 천으로 옷을 지어 입었을까?

📖 고려 시대의 사람들은 삼베, 모시, 비단 등으로 옷감을 만들어 옷을 지어 입었다. 귀족들은 비단이나 가죽으로 만든 옷을 입었는데, 비단과 가죽은 비싸서 아무나 입을 수 없었다. 일반 백성들은 삼베나 모시로 만든 옷을 주로 입었다. 삼베나 모시로 만든 옷은 여름에는 바람이 잘 통해서 입기 좋았으나 겨울에는 추위를 막아 내기가 어려웠다.

지금은 삼베옷이나 모시옷을 여름에만 입어. 옷감이 성글어서 바람이 잘 통해 시원하거든. 이걸 겨울에도 입었다니, 생각만 해도 몸이 떨려 오는 것 같다. 문익점이 목화씨를 들여와 널리 퍼뜨린 덕분에 고려 사람들도 따뜻하게 겨울을 날 수 있게 된 거야. 그 혜택을 오늘날까지 누리고 있는 셈이지.

자, 이제 고려 시대 수업이 끝났어. 개성에서 시작한 수업이 국립과천과학관에서 끝을 맺었네. 다음 시간에는 드디어 조선 시대가 시작돼. 하지만 고려가 멸망하고 조선이 세워지기까지는 아직 넘어야 할 고개가 몇 개 남아 있어. 그게 뭐냐고? 그건 다음 권에서 알려 줄게. 그때까지 모두 안녕!

 역사 현장 답사

전통에서 첨단까지, 과학 기술을 한눈에! 국립과천과학관

국립과천과학관은 지난 2008년에 문을 열었어. 그리고 딱 5개월 만에 100만 명이 방문할 정도로 폭발적인 인기를 끌었지. 약 5만 제곱미터의 건물에 웬만한 테마 파크 저리 가라 할 정도로 다양한 볼거리들이 한가득이거든.

전통과학관에는 지금까지 살펴본 것 말고도 전통 과학 전시물이 아주 많이 있어. '하늘의 과학'에서는 우리 고유의 별자리를 비롯해 해시계와 물시계, 천문 관측기구 등을 볼 수 있고, '땅의 과학'에서는 그 유명한 「대동여지도」를 자세히 살펴볼 수 있어. 이 밖에도 '사람의 과학'에서는 한의학과 옛날 법의학에 관련된 전시물들을, '생활 과학'과 '응용 과학'에서는 앞에서 살펴본 도자기와 인쇄 기술, 화약 무기 말고도 3차원 거북선 체험 같은 프로그램을 즐길 수 있지.

전통과학관을 충분히 둘러봤다면 이번에는 첨단기술관으로 자리를 옮겨 볼까? 노래하고 춤을 추고 사람의 말을 알아듣는 로봇, 머리 위를 떠다니는 인공위성, 진짜 우주복을 입은 우주인이 눈앞에 있어. 위성 발사체의 실물을 볼 수 있는 우주항공관, 거대하고 정교한 공룡 모형이 있는

전통과학관 '땅의 과학' 전시실

공룡동산 등 야외 전시 시설도 참 좋아. 학년에 맞춘 다양한 교육 프로그램도 체험할 수 있지. 더구나 주변에 서울랜드와 국립현대미술관이 있어서 맑은 날 나들이 장소로도 그만이란다.

그러니 이곳을 제대로 보고 즐기기 위해서는 미리 답사 코스를 짜는 것이 좋아. 전시관별로 다양한 체험 프로그램이 한두 시간 간격으로 운영되고 있으니, 이 또한 미리 계획을 짜야 제대로 즐길 수 있어. 과학관 홈페이지(sciencecenter.go.kr)에서 전시 안내와 추천 관람 코스를 확인하고 가는 것도 추천해.

전통과학관 '하늘의 과학' 전시실

:: 알아 두기 ::
가는 길 지하철 4호선 대공원역 6번 출구로 나오면 바로 앞이야.
관람 소요 시간 제대로 보려면 하루 종일도 모자라지만, 아래의 추천 코스를 따르면 2시간쯤 걸려.
휴관일 월요일, 1월 1일, 설날, 추석.
추천 코스 기초과학관에서 출발, 첨단기술관에서 로봇을 보고, 자연사관에서 지구의 신비를, 전통과학관에서 우리 역사 속 과학을 보자.

찾아보기

ㄱ

강감찬 111, 112, 120, 121, 127, 128, 133
강동 6주 117, 118, 120, 127
강조 118
강화 고려궁지 148~150
강화도 149, 151, 152, 154, 155, 157, 164, 165
개태사 58, 59, 66, 74
개태사 석조여래삼존입상(삼존불) 74
거란 15, 51, 52, 62, 63, 107, 110~127
경천사지 십층석탑 157
견훤 12, 28, 32, 33, 36~38, 39, 44~55, 59
경대승 140
경순왕 12, 39, 48, 49, 53
경순왕릉 146, 147
경애왕 12, 28, 36, 37, 39, 41, 44, 45
고려 불화 20, 94, 98, 99
고려 상인 171
고려 인삼 176
고려 종이 176
『고려사』 88, 174
고려장 91
고려청자 20, 98, 152, 170, 176, 183~185, 188
공민왕 24, 159~163
공산 전투 39, 45, 46, 53
과거 제도 67~69, 71
관심법 35, 45
관촉사 66
관촉사 석조미륵보살입상(은진 미륵) 66, 67, 70, 75
광종 56, 65~73, 75, 77, 112
구텐베르크 190
국자감 18, 73
궁예 12, 32~35, 38, 39, 45, 48, 67
권문세족 158~161
귀주 대첩 112, 120~122, 127
금강 39, 46~48
금산사 39, 46, 47, 54, 55
금산사 석고미륵여래입상 54
금성(경주) 33, 43,
금속 활자 188~190
김돈중 136, 147
김부식 136, 138, 139,
김윤후 153

ㄴ

나정 40, 41
나주 33, 34, 47, 48, 119
노국 공주 24, 159, 160, 162, 163
노비안검법 56, 67

ㄷ

대광현 39
대마도 192
대장경 105
동북 9성 123, 125

ㅁ

마진 34
만월대 19, 20, 24, 25
만적의 난 130, 144, 145
망이·망소이의 난 130, 142~144
명학소 142~144
목종 118
목화 130, 183, 193~195
몽골 105, 106, 134, 149, 150~157, 164, 165
묘청의 난 130, 136, 138, 139
『무구 정광 대다라니경』 188
무신 정변 130, 136, 137, 139, 142~144, 147
무진주(광주) 33
문벌 귀족 80, 81, 83~86
문익점 130, 193~195
「미륵하생경 변상도」 86, 94, 98

ㅂ

『반야심경』 189
법천사지 지광국사탑 94, 95
벽란도 167, 170~174, 178, 179, 191
별무반 122, 123
보현원 134, 136
봉사 10조 140, 141
『불정심 관세음보살 대다라니경』 141
비격진천뢰 192, 193

ㅅ

사르타이 153
『삼국사기』 30, 37, 136
삼릉 41
삼별초 154~156
상감 기법 185, 186
상감 청자 20, 185, 187
서경(평양) 33, 63~65, 104, 117, 119, 130, 138, 139

서경 천도 138, 139
서희 56, 114~119, 127, 133
선죽교 22~25
성균관 18, 19, 24, 25
성리학 161
성종 71~73, 104, 115, 176
소손녕 115~117, 127
손변의 재판 87, 88
송(송나라) 112~118
송광사 108
송나라 상인 102, 169, 172, 174, 179
송악(개성) 32, 33, 35, 39, 45, 48, 78, 79
수박희 134, 135, 140
수월관음보살도(수월관음도) 99
시무 28조 73, 141
신검 39, 47, 48, 50, 52
신돈 160
신숭겸 39, 42~45
신안선 168, 169, 172, 177, 178, 180, 181
신진 사대부 161
실크 로드 31
쌍기 71
「쌍화점」 179

ㅇ

아라비아 상인 18, 102, 126, 167, 168, 170~172, 179
아미타 삼존도 98
「아집도 대련」 85, 86
여진 112~114, 117~119, 122~126, 137, 178
여진 정벌 56, 122, 123
연등회 63, 64, 102~105
예성강 171, 172, 174, 178

「예성강곡」 175, 179
완산주(전주) 32, 33
왕건 12, 21, 22, 33~39, 43~50, 59~65, 78, 79, 87, 100, 104, 105, 114, 146
왕건왕릉 21~25
왜구 161, 191, 193
용미리 마애이불입상 92, 93, 100
원(원나라) 157~164, 168, 178, 169, 194
원 간섭기 157, 158
원종(반란을 일으킨 사람) 30
원종(고려 왕) 154, 164
『월인천강지곡』 189
유네스코 세계 문화유산 15, 16, 24, 107, 108
윤관 56, 122~124, 133
은진 미륵
　→ 관촉사 석조미륵보살입상
의종 134~136
의창 84
이고 135, 140
이방원 22
이성계 21~23, 60, 146, 161
이소응 135
이의민 140, 142, 145
이의방 135, 139, 140
이자겸의 난 130, 136, 137, 139
이자연 83, 84, 137
인종 137, 138
일리천 전투 50

장경판전 106~109
장보고 34
정도사 오층석탑 78, 100
정몽주 22, 23, 25

정종 65
정중부 130, 135, 136, 139, 140
정지상 139
중계 무역 178
지광 국사 95
지장도 99
『직지심체요절』 130, 188, 189, 190

척경입비도 124
철원 33, 35
청자 상감 포도 동자 무늬 조롱박 모양 주전자 186
청자 동화 연문 표주박 모양 주전자 152
청해진 34
최무선 130, 191, 192
최승로 71, 73, 115, 140, 176
최영 161
최우 150~152, 164
최의 141
최충헌 139~142, 150
최항 141
충렬왕 89, 157
충선왕 18, 89, 157
칭기즈 칸 149, 150, 156

ㅋ

쿠빌라이 156, 157, 164

ㅌ

태봉 35
태조 21
통도사 95, 96, 108

통도사 국장생 석표 95, 96

ㅍ

팔관회 15, 63, 64, 102, 204, 105, 174
팔만대장경 105, 106~109, 130, 164
포석정 26~28, 37, 36, 40, 41

ㅎ

하두강 174, 175
한국사 3대 대첩 111, 112
해인사 106, 108, 109
향·소·부곡 81, 142
현자총통 192, 193
혜공왕 29
혜종 64, 65
호족 31~34, 36, 38, 39, 43, 46, 59~71, 73, 78, 79, 83, 87, 161
홍건적 160, 161
화약 130, 183, 191~193
화차 192
화포 130, 191, 193
후고구려 12, 21, 27, 32~34, 39, 48
후백제 12, 21, 27, 32, 33, 36, 38, 39, 43, 46, 48, 50, 52~54, 59, 61, 64
후삼국 시대 27~39
훈요 10조 63~65, 100, 104, 105

참고한 책과 사이트

김부식 『삼국사기 1~3』, 이재호 옮김, 솔출판사 1997.
김우택 외 『용선생의 시끌벅적 한국사 4, 5』, 사회평론 2012.
김인호 외 『미래를 여는 한국의 역사 2』, 웅진지식하우스 2011.
남경태 『종횡무진 한국사-상』, 그린비 2009.
동아대학교 석당학술원 『국역 고려사 열전 1~9』, 민족문화 2006.
박영규 『한권으로 읽는 고려왕조실록』, 웅진지식하우스 2004.
박용운 외 『고려시대 사람들이야기 1~3』, 신서원 2001~2003.
박윤규 『우리 역사를 움직인 20인의 재상』, 미래M&B 1999.
박은봉 『한국사 편지 2』, 책과함께어린이 2009.
박은봉 『한국사 상식 바로잡기』, 책과함께 2007.
서긍 『고려도경』, 조동원 외 옮김, 서해문집 2005.
아틀라스 한국사 편찬위원회 『아틀라스 한국사』, 사계절 2004.
『역사비평』 편집위원회 『논쟁으로 읽는 한국사 1』, 역사비평사 2009.
역사신문편찬위원회 『역사신문 2』, 사계절 1996.
윤경진 『아! 그렇구나 우리 역사 7, 8』, 여유당 2005.
이이화 『한국사 이야기 5~8』, 한길사 1999.
이혜옥 『마주 보는 한국사 교실 4』, 웅진주니어 2008.
임기환 외 『현장 검증 우리 역사』, 서해문집 2010.
장윤선 『개성』, 주니어김영사 2012.
전국역사교사모임 『살아있는 한국사 교과서 1』, 휴머니스트 2002.
정수일 『한국 속의 세계-하』, 창비 2005.
정인지 『고려사열전』, 한충희 옮김, 계명대학교출판부 2001.
한국사특강편찬위원회 『한국사특강』, 서울대학교출판부 2008.
한국생활사박물관편찬위원회 『한국생활사박물관 7, 8』, 사계절 2002~2003.
한국역사연구회 『고려 시대 사람들은 어떻게 살았을까 1, 2』, 청년사 2005.
한영우 『다시 찾는 우리 역사 1』, 경세원 2010.
한영우선생정년기념논총 간행위원회 『63인의 역사학자가 쓴 한국사 인물 열전 1』, 돌베개 2003.

국사편찬위원회 history.go.kr
문화콘텐츠닷컴 culturecontent.com
한국고전종합DB db.itkc.or.kr
한국사데이터베이스 db.history.go.kr
한국역사통합정보시스템 koreanhistory.or.kr

사진 제공

고려대학교박물관	124면
국립중앙박물관	20면(만월대에서 나온 새 모양 돌상과 벽돌), 29면, 76면, 78면, 91면, 141면, 170면, 177면, 187면, 189면(고려 시대 금속 활자)
국립해양문화재연구소	166면, 169면, 180면, 181면
굿이미지	26면, 47면, 108면, 109면, 147면, 169면, 192면(화차)
금산사	54면
문화재청	40면
박종진	14면, 19면, 20면(고려의 왕궁 터인 만월대), 21면, 22면, 23면, 24면(만월대와 송악산, 왕건왕릉), 44면, 132면, 146면
법보종찰 해인사	106면
삼성미술관 Leeum	85면, 98면(아미타 삼존도), 99면, 152면, 186면
전쟁기념관	115면, 120면
연합뉴스	16면, 98면, 128면, 143면, 148면
오주환	42면
이미지클릭	98면(미륵하생경 변상도)
정진호	182면
토픽이미지스	132면(두지나루의 황포돛배), 150면

이 책에 수록된 사진 중 일부는 원저작권자를 확보하기 위한 노력에도 불구하고 권리자의 허가를 확보하지 못한 상태로 출간되었습니다. 저작권자가 확인될 시 창비는 원저작권자와 최선을 다해 협의하겠습니다.
All reasonable measures have been taken to secure Korean translation copyright of the photos in this book, but some of them couldn't be legally secured. If the copyright holders appear, Changbi will take responsibility for the use of the photos and discuss the best way of copyright use.

'재미있다! 한국사' 시리즈에 자문해 주신 선생님들

강무석 수원 율전초등학교
강선하 인천 해원초등학교
경현미 양산 소토초등학교
공병묵 인천 서림초등학교
곽형준 창원 토월초등학교
구서준 서울보라매초등학교
구양은 수원 갈곡초등학교
구윤미 대전버드내초등학교
권동근 포항 신광초등학교
권민정 인천원당초등학교
권윤주 광명 하안북중학교
권지혜 부산 연제초등학교
권태완 파주 연풍초등학교
권효정 서울계남초등학교
길혜성 화성 능동초등학교
김경아 경주 아화초등학교
김고은 대구 운암초등학교
김기옥 청주 각리초등학교
김기호 대구 관문초등학교
김나미 대전상원초등학교
김나영 남양주월문초등학교
김명준 안산 덕성초등학교
김문희 대구동부초등학교
김보라 서울 두산초등학교
김보람 제주 도남초등학교
김보미 서울 전농초등학교
김봉준 시흥도원초등학교
김상일 서울천왕초등학교
김선영 안양 호성초등학교
김선혜 인천동수초등학교

김성주 서울 군자초등학교
김성주 포천 선단초등학교
김세왕 인천장도초등학교
김송정 용인 성복초등학교
김수진 인천병방초등학교
김순선 부산 기장초등학교
김시연 양평초등학교
김영희 광주 미산초등학교
김외순 서울천왕초등학교
김윤정 서울 신자초등학교
김은미 수원 효성초등학교
김은형 성남 서현초등학교
김재수 서울 중랑초등학교
김정수 밀양초등학교
김정아 서울삼선초등학교
김정은 서울상일초등학교
김주현 창원 진해웅천초등학교
김지영 서울 가주초등학교
김지인 부천 부인초등학교
김진아 서울가동초등학교
김진영 서울 수색초등학교
김찬경 제주 서귀포초등학교
김취리 서울수암초등학교
김태영 김포 신양초등학교
김행연 용인 산양초등학교
김현경 부산 명덕초등학교
김현랑 광주 장덕초등학교
김현아 광주 매곡초등학교
김현애 서울영림초등학교
김현정 안산 석호초등학교

김현정 광양 옥룡초등학교
김현정 공주 태봉초등학교
김현진 원주삼육초등학교
김혜정 서울 구암초등학교
김희숙 광주 장덕초등학교
나진경 인천안남초등학교
남지은 동해초등학교
노경미 창원 사파초등학교
노하정 안산 시랑초등학교
문재식 해남 서정분교
문철민 순천인안초등학교
문희진 서울언북초등학교
민선경 서울당중초등학교
민지연 대전두리초등학교
박경진 대구 운암초등학교
박길훈 남양주 수동초등학교
박미숙 대구관문초등학교
박미영 부천 상원고등학교
박상휴 파주 해솔초등학교
박선옥 고양 행신초등학교
박선하 서울일신초등학교
박송희 광주 광림초등학교
박수연 동대전초등학교
박순천 서울 상곡초등학교
박연신 서울동교초등학교
박영미 시흥 도일초등학교
박영수 고양 오마초등학교
박은정 안양 호계초등학교
박인숙 서울 숭덕초등학교
박정례 서울발산초등학교

박정순 용인 서원초등학교
박정은 남원용성초등학교
박정환 안양호암초등학교
박주송 대구도원초등학교
박지민 서울언주초등학교
박진환 논산 내동초등학교
박해영 동대구초등학교
박현웅 고양 상탄초등학교
박현주 대구남산초등학교
박혜옥 남양주 진건초등학교
박효진 오산 운산초등학교
방세영 서울천일초등학교
방혜경 안양 관양초등학교
배능재 대전성모초등학교
배현진 남양주 평동초등학교
백미연 상주남부초등학교
백소연 천안 성환초등학교
봉혜영 인천 심곡초등학교
설명숙 군산푸른솔초등학교
설성석 대구태전초등학교
성기범 창원 해운초등학교
손미령 제주 한천초등학교
송유리 인천당하초등학교
송정애 대전갑천초등학교
송지원 서울사당초등학교
송지혜 서울오현초등학교
시지양 파주 장파초등학교
신수민 진천 상신초등학교
신은하 파주 금릉중학교
신주은 인천 소양초등학교

신지영 남양주 진건중학교	이경희 고양 백양초등학교	장병학 김해 진영대창초등학교	최보순 순천 상사초등학교
심은영 고양 송포초등학교	이금자 포천 관인초등학교	장성훈 김천 개령서부초등학교	최영미 서울 면중초등학교
심지선 익산 낭산초등학교	이명진 서울계남초등학교	장영만 완도 보길초등학교	최영선 의왕초등학교
안시현 광주 불로초등학교	이미애 대구운암초등학교	장인화 천안 두정초등학교	최영순 울산 매산초등학교
양미자 부산 연동초등학교	이미옥 상주 백원초등학교	장희영 장흥 회진초등학교	최은경 울산 달천중학교
양선자 고양 일산초등학교	이미정 인천귤현초등학교	전미영 대구 신매초등학교	최은경 청주 덕성초등학교
양선형 고양동산초등학교	이상화 남양주 진건초등학교	전영희 동해중앙초등학교	최은경 군포초등학교
양유진 서울반포초등학교	이수진 고양 무원초등학교	정금도 진주 봉래초등학교	최정남 담양동초등학교
양정은 당진 원당중학교	이슬기 서울북가좌초등학교	정미나 부산 가야초등학교	최종득 거제 제산초등학교
양해란 화성 숲속초등학교	이애지 서울원신초등학교	정민석 남양주 진건초등학교	최지연 서울 강명초등학교
양혜선 춘천 동내초등학교	이어진 서울 반포초등학교	정수옥 군포 능내초등학교	최혜영 서울강명초등학교
어유경 안양 범계초등학교	이엄지 여주 죽립초등학교	정용석 고양 무원초등학교	하선영 대구 대서초등학교
엄혜진 서울 안산초등학교	이윤숙 가평 조종초등학교	정유정 서울신은초등학교	하영자 부천 범박초등학교
여유경 대전 대덕초등학교	이윤아 광명 하안남초등학교	정윤미 서울오류초등학교	한수희 대전성천초등학교
염선일 오산원일초등학교	이윤진 서울조원초등학교	정인혜 부천 부인초등학교	한은영 안산 선부초등학교
오선미 대전목양초등학교	이은경 서울 월계중학교	정지운 삼척초등학교	한주경 인천 부원여자중학교
오해선 거제 진목초등학교	이은숙 홍성 덕명초등학교	정하종 아산 용화초등학교	한지화 전주인후초등학교
우경숙 서울구로초등학교	이재숙 의왕 백운초등학교	정혜선 인천 공촌초등학교	함욱 시흥 함현초등학교
유경미 고양 무원초등학교	이재형 서울 영훈초등학교	조동화 서울 광성해맑음학교	홍성대 부산 삼덕초등학교
유다영 구리 구룡초등학교	이종화 남양주 진건초등학교	조미경 대구 운암초등학교	홍정기 남양주 진건초등학교
유소녕 서울아현초등학교	이준미 부산 신덕초등학교	조미숙 서산 부성초등학교	홍현정 대구 불로초등학교
윤민경 대구 강북초등학교	이준엽 남양주 진건초등학교	조민섭 포항 연일초등학교	황기웅 해남서초등학교
윤선웅 시흥 군서초등학교	이진영 서울 공릉초등학교	조은미 통영 진남초등학교	황성숙 화성 반송초등학교
윤영란 대전버드내초등학교	이현주 남양주 진건초등학교	조은희 서울 문성초등학교	황정임 양산 신양초등학교
윤영옥 화천 상승초등학교 노동분교	이형연 영광 백수초등학교	조한결 남양주 진건초등학교	황지연 김포 감정초등학교
윤일호 진안 장승초등학교	이형경 서울숭미초등학교	조한내 광명 광문초등학교	황혜민 김포 신곡초등학교
윤창희 시흥신천초등학교	이효민 남양주 장내초등학교	조형림 수원 곡정초등학교	*2014년 기준 소속 학교 표시
윤혜선 용인초등학교	임미영 천안 불당초등학교	진주형 김해 구봉초등학교	
윤혜자 화성 배양초등학교	임정은 의정부중앙초등학교	진현 수원 황곡초등학교	
이경진 울산 신복초등학교	임행숙 광양 옥룡초등학교	천진승 김해 생림초등학교